内部控制审计论

姚 刚 著

中国财政经济出版社

图书在版编目（CIP）数据

内部控制审计论／姚刚著．—北京：中国财政经济出版社，2013.10
ISBN 978－7－5095－4865－3

Ⅰ.①内…　Ⅱ.①姚…　Ⅲ.①内部审计－研究　Ⅳ.①F239.45

中国版本图书馆CIP数据核字（2013）第242276号

责任编辑：罗亚洪　　　　责任校对：李　丽
封面设计：汪俊宇　　　　版式设计：兰　波

中国财政经济出版社 出版
URL：http：//www.cfeph.cn
E－mail：cfeph@cfeph.cn

社址：北京市海淀区阜成路甲28号　邮政编码：100142
营销中心电话：88190406　北京财经书店电话：64033436　84041336
北京富生印刷厂印刷　各地新华书店经销
787×1092毫米　16开　13.5印张　200 000字
2013年10月第1版　2013年10月北京第1次印刷
定价：36.00元
ISBN 978－7－5095－4865－3/F·3940
（图书出现印装问题，本社负责调换）
本社质量投诉电话：010－88190744
反盗版举报热线：010－88190492、88190446

序 言

内部控制与审计之间有不解之缘。审计师（从事独立审计工作的注册会计师也被称为审计师）在实践中认识到，内部控制的可靠性是审计工作重要的考虑因素，被审计单位的内部控制逐渐成为审计师重点关注的对象。无论是制度基础审计，还是风险导向审计，对内部控制的测试与评价，都成为审计师的重要工作之一。相比之下，对内部控制进行专项审核，进而发展到对内部控制进行审计，则是一个新现象。

对内部控制进行独立审计这一制度安排，在美国，是源自萨班斯法案的规定，在我国，则是2008年《企业内部控制基本规范》的规定。实践的变化需要理论上的指导。姚刚博士将内部控制审计的制度安排作为研究对象，是一个很好的选题。

姚刚博士在本书中提出的研究成果，有以下几点创新：

第一，从委托代理关系出发，发现由于现代企业和公司制度创新，委托代理激励机制的变化导致委托代理双方的利益关系发生了变化，从而使得传统的委托代理监督机制难以起到应有的作用，甚至失灵。为此，姚刚博士提出了一种新的内部控制审计观，即内部控制审计是传统委托代理监督机制的创新，是对委托代理过程的监督。这一论断从审计的起源角度揭示了内部控制审计的本质，是本书的最大创新成果。

第二，基于内部控制审计是对委托代理过程的监督这一根本认识，姚刚博士从内部控制审计的目标和实现机制出发，提出内部控制审计的目标是鉴证内部控制的有效性，并据以发表审计意见。进一步地，他从内部控制有效性的定义及其价值判断标准、对内部控制有效性的评价、对内部控制缺陷的评估、审计意见的形成，以及内部控制审计政策环境出发，论述了内部控制审计的实现机制。这些观点对于我们当前开展的内部控制审计实务、内部控制审计执业标准的建设，无疑具有很强的方法论指导意义。

第三，我赞成姚刚博士提出的“内部控制审计的目标也取决于内部控制的目标”。有关内部控制的研究成果很多，姚刚博士的创新之处在于，运用系统论、契约论和管理理论，提出了“内部控制是企业不完全契约的补充，内部控制的目标是降低交易费用”等观点，从而引出了对内部控制这个审计对象的约定和内部控制有效性的评判标准，逻辑上是严谨的。

本书即将出版，写上这些话作为对姚刚博士本书中所展示学术成果的点评，供读者参考，并祝姚刚博士在学术研究和专业实践领域取得更大成就。

2013 年 7 月 1 日

目 录

前　言

一

本书是在本人博士论文——《内部控制审计制度研究》的基础上修改而成的。之所以定名为《内部控制审计论》，主要考虑是希望把博士学习期间从事内部控制审计制度研究的一些成果直接体现出来，并进一步上升到理论高度来揭露内部控制审计的本质，而不再全貌地反映整个研究过程。

自 2002 年以来，内部控制审计制度首先在美国以法规形式进行确立，即当年颁布的《上市公司会计改革和投资者保护法》（又称萨班斯法案）要求上市公司向投资者报告内部控制自我评价报告，同时要求聘请外部独立审计师对公司财务报告内部控制进行审计。随后，日本、英国和中国香港等国家或地区也纷纷出台了内部控制审计的相关规定。

2008 年 5 月，我国财政部、审计署、证监会、银监会和保监会等五部委联合颁布了《企业内部控制基本规范》，提出了对企业实施内部控制审计的制度安排，这标志着我国内部控制审计制度的确立。2010 年 4 月，《企业内部控制审计指引》正式发布，自 2011 年起，内部控制审计制度在境内外同时上市的公司中实施，并于 2012 年起在上海、深圳 A 股主板的所有上市公司中实施，要求审计师对公司财务报告内部控制进行审计。由此，我国内部控制审计制度正式开始实施。

然而，随着内部控制审计制度的实施，审计理论界和实务界对内部控制审计制度的讨论也越来越多，对于一些理论和实务问题，存在较大争论。这些争论既包括审计技术方法、缺陷评估标准以及怎样开展整合审计等实务操作层面，也涉及内部控制审计理论层面，如，内部控制审计对象是企业内部控制本身还是管理层关于内部控制的认定，审计范围是财务报告内部控制还是全面内部控制，是时点内部控制还是期间内部控制等等。尤其是自 2011 年以来，有学者指出财务报告内部控制的研究进入了一个为不能独立存在的系统寻找独立存在理由的尴尬境地，更有学者质疑财务报告内部控制审计制度安排的合理性。

"存在即是合理"。内部控制审计实践并不是一个新鲜事物，而可以追溯到早期的详细查账审计时期，甚至庄园审计时期。在审计发展的各个阶段都可以看到内部控制审计的影子，但为什么直到二十一世纪初期，内部控制审计作为一种制度安排，才得以通过法规的形式确立呢？这其中必然有一定的规律性。

只有找到内部控制审计的本质规律，并进而指导内部控制审计实务，才有可能使得内部控制审计实务具有生命力。因此，本书抛开了有关内部控制审计技术方法等实务操作层面的问题，而是直接定位于内部控制审计制度安排层面。对内部控制审计制度的研究，将有助于解开当前内部控制审计理论和实务中的各种疑问，有助于系统地构建内部控制审计理论框架，并指导内部控制审计方法论的形成和审计准则规范体系的建设，从而促进内部控制审计制度的健康发展。

基于上述背景和选题，本书是对内部控制审计制度基本理论问题的研究，其目的是揭示内部控制审计的本质，在此基础上提出一种内部控制审计观，并进一步研究内部控制审计的目标及其实现机制，即解决内部控制审计"为什么"和"是什么"，以及内部控制审计的目标和实现机制的问题。

二

如何找到内部控制审计制度安排的规律性呢？笔者认为，这需要回到审计理论的起点。长期的审计学科的学习研究和实务经验告诉我们，审计理论的起点问题是一个悬而未决的理论问题，至少有审计目标起点、审计假设起点、审计环境起点等不同观点。为了避免在上述理论问题上的纠缠，笔者直接从审计产生的背景进行考察，即委托代理关系。

审计是委托代理关系的产物，内部控制审计也不例外。遵循这样一个朴素的认识，从委托代理关系及其变迁开始，展开对内部控制审计制度动因的考察。

通过对委托代理关系的剖析，笔者认为，委托代理关系由委托代理激励机制和委托代理监督机制组成。传统委托代理激励机制是通过经营者参与企业剩余收益的分享来实现的，如企业管理者分配一定数量的企业净利润，因而相应的监督机制只需要对剩余收益进行核实即可。这里的委托代理监督机制是对委托代理结果进行监督，开展财务报表审计。

传统委托代理监督机制，即仅仅对委托代理结果进行财务审计，越来越受到干扰，甚至失灵。例如，在资本市场发达的美国和欧洲，管理层（即受托方）收益的大部分越来越取决于股票期权、期股和公司股票价值等资本性收益，而这些资本性收益的决定因素则远远超过了企业财务成果，即便通过对受托经营主体开展财务审计，受托方对财务审计的结果也不再像以往那样重视，因为管理层可以通过消费预期来提高股价从而在任期内获得较高收益，如推行新的管理模式和战略决策，或者进行并购重组等等，但这些行为的合理性往往通过当期的财务审计是无法实现的。

在我国的国有企业管理监督实践中，由于产权不清晰，出资人不到位等原因导致了委托双方责任不明确，委托链条过长（有的企业往往到了5级子公司，甚至更长），容易形成“内部人控制”。在这种情形下仅仅依赖于传统委托代理监督机制，开展财务审计，就难以维护正常的委托代理关系，造成监督缺位。

那么，上述对传统委托代理监督机制的挑战，有没有一定的规律性呢？进一步研究发现，上述传统委托代理监督机制的弱化或者失灵，来自于委托代理各方利益取向的异化，而这种异化则来自于经济制度的创新。

从委托方来看，现代金融制度创新，如公司股份制、资产证券化等，使得委托代理关系多极化和委托方多元化。委托代理关系多极化使得处于中间层的受托方同时又是委托方，利益取向变得模糊；而委托方多元化则使得委托方之间利益不完全一致，大股东有可能通过剥削小股东而获利。同时，现代企业制度的创新，如有限责任公司制和保护性破产制度的引入，使得大股东可能通过剥削债权人，为获利而破产。

从受托方来看，激励制度的创新，如股票期权制度的引入，使得受托方不再仅仅依赖于剩余收益的分享，而更多地依赖于股票收益。上述委托双方利益取向的异化，造成了传统委托代理监督机制的弱化或者失灵。

基于上述认识，笔者提出了一种新的内部控制审计观，即内部控制审计是传统委托代理监督机制的创新，是对委托代理过程的监督。当委托代理关系中各方利益取向发生异化时，仅仅依靠对委托代理结果的监督就不能起到对委托代理关系的监督作用，出现了传统委托代理监督机制的失灵，因此需要对委托代理监督机制进行创新，即在对委托代理结果进行监督的基础上，增加对委托代理过程的监督，开展内部控制审计。

至此，本书要研究的第一个目标，内部控制审计“为什么”和

“是什么”的问题，已经有了答案。此前关于“内部控制审计有没有必要”、“内部控制作为企业内部的管理制度，其审计结果能否对外公开”和“内部控制审计对象是财务报告内部控制还是全面内部控制”等疑问和争论就都迎刃而解了。

按照本书的观点，内部控制虽然是企业内部管理和企业治理的组成部分，传统意义上可以说是受托人受托经营企业的内部制度，没有对外披露并接受审计的义务，但是由于经济制度的创新，委托代理双方利益取向发生了异化，传统的委托代理监督机制发生了失灵。这样委托人要求对委托代理过程进行审计也就顺理成章了；而作为上市公司，把上述内部控制的审计结果对社会公众进行披露也就是一种必然义务，成为公司信息披露的必然组成部分了，而不能以企业商业秘密为由进行回避。同理，内部控制审计作为对委托代理过程的监督，很显然，就不能局限于财务报告内部控制，而应该是委托代理过程所有的内部控制。

审计是一个人造系统，而任何人造系统都是有目标的，在这个人造系统里的各个环节和组成部分都是由目标决定的。所以，接下来，笔者在内部控制审计是对委托代理过程进行监督的论断下，对内部控制审计目标和实现机制问题进行了研究。

要研究内部控制审计的目标，先要研究内部控制本身，也就是作为委托代理监督机制的监督对象——委托代理过程。本书从委托代理关系出发，结合企业契约理论中关于企业契约不完备的观点，提出了内部控制的契约观，指出内部控制是企业不完全契约的补充。从委托代理关系来看，企业内部控制包括：以所有者为中心的对经营者的控制和以经营者为中心的对各级管理者和员工的控制。按照内部控制契约观，企业内部控制的目标是降低交易费用，即保证康芒斯所称的第二类交易的效率，使其在企业组织中的交易费用低于市场的交易费用。那么，内部控制审计的目标就是对上述作为委托代理过程的内部控制进行监督，鉴证内部控制的有效性并发表意见。

如何才能实现上述内部控制审计目标呢？这是当前内部控制审计实务讨论最多的地方，也是关系到内部控制审计实务能否得到发展和具有持久生命力的关键。基于笔者多年的实务经验，本书提出了内部控制审计目标的实现机制，包括三个部分：内部控制有效性及内部控制有效性价值判断标准的确定、内部控制有效性评价与审计结论的形成、内部控制审计配套政策环境的完善。

实现机制的第一个方面是定义内部控制有效性和建立有效性的价值判断标准。按照此前提出的内部控制契约观，对内部控制有效性的价值判断标准，笔者提出了内部控制降低交易费用的三种测度，即降低交易费用的作用层面、表现形式和运行机制测度。

实现机制的第二个方面是内部控制有效性评价与审计结论的形成。按照评价学原理，笔者提出了内部控制有效性评价的定性和定量评价路径，并结合内部控制降低交易费用目标，提出了缺陷评估的步骤，并在此基础上提出了内部控制审计结论形成的原则。

实现机制的第三个方面是与内部控制审计制度安排配套的政策环境。考虑内部控制审计独立性、专业胜任能力、审计成本效率和审计报告法律责任的特殊性，笔者提出了完善内部控制审计相关配套保证措施的建议。

三

最后，想借此机会感谢我的恩师陈毓圭研究员。做学问是快乐的，能跟着尊敬的陈老师做学问则是幸福的。陈老师治学严谨，学识渊博，和他交流难免感到自己底子薄，心生畏惧；但是经过一段时间的学习后，自己的思维深度和研究水平有所提高，解决起研究和工作中的问题来就觉得思路开阔，无比快乐。陈老师关爱学生，钟情教书育人，虽担任中国注册会计师协会副会长兼秘书长要职，工作繁忙，但辅导学生仍是毫不含糊，我已记不清有多少个周末和节假日在他的办公室讨论本书的构思和观点。每每因为学生有一小点进步或者稍有心得，所有疲惫在他身上都烟消云散，此情此景令我倍加感动，真是幸福！这种师生之间的思想交流、学术碰撞和人格砥砺足以让我珍惜一辈子。

本书在成稿、初审和出版过程中，得到了财政部科研所王世定研究员、余中一研究员、杨小舟研究员、中国人民大学荆新教授、北京工商大学王斌教授和首都经贸大学付磊教授的悉心指导，在此对他们表示诚挚的谢意。感谢中注协图书馆提供帮助。感谢各位师兄弟姐妹们在多次研讨中对我文章的指正。感谢财政部会计领军班同学、英格兰及威尔士特许会计师第一期同学参与本书的讨论。感谢天职国际会计师事务所、清科集团和立信会计师事务所领导和同事的支持。

在此，我也想说谨以此书献给我的父母和妻儿。感谢父母多年来对我的养育之恩！感谢妻儿对我的理解和支持！

姚　刚

2013 年 7 月 1 日

导 论

一

内部控制审计并不是一个新鲜事物，其前身可以追溯到内部控制检查、内部控制制度审计、内部控制测试与评价和内部控制审核等形式。然而，内部控制审计上升到审计学科的一个分支，不再依附于财务报告审计或者内部审计、管理审计等，则是21世纪初的创举，其中，以美国萨班斯法案404条款推动在美上市公司必须实施内部控制审计为代表。

2002年7月，美国总统布什批准了《上市公司会计改革和投资者保护法（2002）》（简称萨班斯法案）。2003年6月，美国证监会（简称SEC）正式实施萨班斯法案。按照萨班斯法案404条款（简称404条款）的要求，在美上市公司需要由管理层出具内部控制自我评估报告，并由外部审计师出具内部控制审计报告。自此，美国以法律的形式确立了内部控制审计制度。

2008年5月，我国财政部、审计署、证监会、银监会和保监会等五部委联合发布了《企业内部控制基本规范》（简称基本规范），并于2010年4月发布了《企业内部控制审计指引》（简称指引）。指引要求：自2011年1月1日起，在境内外同时上市的公司中实施内部控制审计；并自2012年1月1日起，在A股主板所有上市公司中实施内部控制审计。自此，我国以部门规章的形式确立了内部控制审计制度。

在内部控制审计制度的确立和实施过程中，无论是美国还是我国，内部控制审计制度化是一个饱受争议的话题，人们对于内部控制审计理论和实务存在很多争论和分歧，这激起了本人的研究兴趣。

为什么对内部控制审计制度有如此多的争论呢？笔者认为，这些争论的出现，一方面反映了社会各界对内部控制审计制度的不熟悉或不适应；另一方面也预示着内部控制审计制度的价值所在。我的判断是，如果一项制度引起了较大的震动，至少说明她触及到了现有价值体系和利益分配格局，不是换汤不换药的戏法。

可以肯定的是，诸多争论的出现是符合事物发展客观规律的。任何一种制度都有一个抽象—具体—再抽象的过程，从来都是先有实践，再有理论，然后再在实践中达到理论升华，反过来又指导实践，实现螺旋式上升的。内部控制审计制度的发展，当前还处于具体到再抽象的发展过程中，所出现的种种争论正是内部控制理论滞后于实务发展的结果。

美国是内部控制审计实务推进最早、最系统、最为成熟的国家，为此，本人对美国萨班斯法案 404 条款的实施情况进行了跟踪研究①。研究发现，美国关于内部控制审计制度的争论主要表现在以下四个方面：

第一，内部控制审计的实施是否会降低市场效率，进而影响到美国证券市场的领导地位？由此引发了包括许多美国国会议员、时任纽约市市长彭博、时任美国证监会主席克里斯多弗·考克斯和时任美联储主席格林斯潘等政治经济界人士的激烈争论。

第二，内部控制审计强制实施的企业范围和时间表如何确定？在经过各方权衡之后，基于时间、成本和技术规范等原因，美国证

---

① 系本书的阶段性研究，形成了阶段性成果“萨班斯法案 404 条款实施的跟踪研究——各方评论、实施进展与启示”，收录于《中国注册会计师协会行业发展研究资料（No. 2007 - 2）》。下文的相关观点来自于该研究报告。

监会（SEC）先后5次调整了在美上市公司强制执行内部控制审计的范围和时间。

第三，内部控制审计的对象是企业内部控制本身还是管理层关于内部控制的自我评估报告，即管理层认定？这导致了美国证监会（SEC）批准美国上市公司会计监管委员会（PCAOB）用审计准则5号（AS5）替代审计准则2号（AS2），即用对内部控制的审计替代对管理层关于内部控制自我评估报告的审计。

第四，内部控制审计的技术标准和审计方法论如何确定？在实施过程中，美国证监会通过对审计师执行内部控制审计效率的调查，促成了PCAOB改进内部控制审计方法。在审计准则5号（AS5）中强调采用“风险导向、自上而下”的审计策略和方法，并强调公司层面内部控制。同时，关于内部控制审计方法和缺陷认定标准等技术也成了审计师们纠结的问题。

我国的情况如何呢？通过整理我国关于内部控制审计制度的争论①，发现争论主要表现在以下三个方面：

一是关于内部控制审计制度的合理性以及内部控制审计性质和目的方面。如内部控制能否成为一种审计对象，并对其进行审计？内部控制审计的目的是什么？不同的内部控制审计意见类型传递给市场的信息差异是什么？同一公司的内部控制审计意见类型和财务报告审计意见类型的不同组合，特别是当其中一个为标准意见，另一个为非标准意见时，这样的审计意见组合给市场传递什么样的信息？

有学者对现行的财务报告内部控制审计制度提出了质疑，如张艳、钟文胜（2011）指出，财务报告内部控制审计制度破坏了现行的财务报告制度和审计制度的协同性②。有学者则对内部控制审计的

---

① 此处是对不同争论的一个概括，不同人士有关内部控制审计制度争论的观点详见第二章“内部控制审计制度的变迁”。

② 张艳、钟文胜：“内部控制需要审计吗?”，《财会月刊》，2011年第2期。

性质和审计风险提出了新的观点，如雷英、吴建友等（2011）认为内部控制审计应该是行为审计，需要单独的审计风险模型①。

二是关于内部控制审计对象和范围。争论的焦点在于：内部控制审计是局限于财务报告内部控制还是全面内部控制？内部控制审计的对象是企业内部控制系统本身还是管理层对于内部控制的自我评估报告？内部控制审计范围是某一个时点的内部控制还是某一个期间的内部控制？

三是关于内部控制审计的技术和标准方面。主要的争论有：内部控制本身的标准如何确定，是统一采用财政部颁发的《企业内部控制基本规范》及其配套指引的要求，还是按照被审计单位性质、规模进行调整，以及如何调整？如何认定企业内部控制的缺陷？对于我国内部控制审计指引所规定的财务报告内部控制和非财务报告内部控制如何区分？实质性漏洞（重大缺陷）、重要缺陷和一般缺陷的标准如何确定？内部控制审计是与财务报告审计整合审计还是分别审计？是由同一个审计机构审计还是由不同的审计机构审计？

对于美国和我国关于内部控制审计制度的诸多争论，笔者认为：上述争论反映了内部控制审计理论滞后于内部控制审计实践的现实，反映了对内部控制审计制度基本理论问题研究的匮乏。

这些基本理论问题聚焦于内部控制审计制度的合理性、内部控制审计的性质、内部控制审计目标、内部控制审计的对象、内部控制审计范围以及内部控制审计的实现机制（包括技术、组织、人员素质）等方面。

例如，美国关于萨班斯法案404条款实施内部控制审计对资本市场效率的影响，如何确定内部控制审计分批实施的范围和时间表，我国关于内部控制审计报告信息传递影响的不确定性，都可以归结为对内部控制审计制度安排及其合理性的争论。

---

① 雷英、吴建友："内部控制审计风险模型研究"，《审计研究》，2011年第1期。

内部控制是对财务报告内部控制有效性发表鉴证意见，还是对全部内部控制的有效性发表鉴证意见，可以归结为对内部控制审计目标的分歧。

内部控制审计是管理审计、信息审计还是行为审计，可以归结为对内部控制审计性质的分歧。

内部控制审计是对内部控制本身还是管理层认定进行审计，是对时点内部控制还是时段内部控制进行审计，可以归结为对内部控制审计对象与范围的争论。

内部控制是整合审计还是分开审计，内部控制标准和缺陷评估标准如何确定，审计证据数量和质量如何保证，审计师能力的要求如何，可以归结为内部控制审计实现机制的分歧。

基于上述背景，本人决定以“内部控制审计制度研究：一种新的内部控制审计观及其实现”为题展开研究。理由如下：

第一，当前关于内部控制审计的争论不再停留在“怎么做”的层面，而是深入到内部控制审计“是什么”和“为什么”的层面。只有对内部控制审计制度本身展开研究，才能回答内部控制审计理论研究和实务操作中的各种争论，从而指导内部控制审计理论和实务的发展。

第二，从审计基本理论结构来看，审计本质的研究是审计理论研究的逻辑起点，内部控制审计理论研究也应该以内部控制审计制度本质作为逻辑起点[①]。

内部控制审计制度的本质问题不解决，我们就无法回答内部控制审计制度安排中的各种理论和实务问题。对内部控制审计本质理解不同，就会导致内部控制审计的目标不同，而对于内部控制审计目标的理解不同，就会导致目标的实现机制不同。因此，缺乏对内

① 关于审计理论研究的逻辑起点存在不同的观点。国外主要有莫茨、夏拉夫教授的审计哲学起点，尚德尔教授的审计假设起点等观点；我国则主要有蔡春教授的审计本质起点，李若山教授的审计目标起点等观点。

部控制审计制度的统一认识，就如同站在不同的起跑线上，对上述争论中的各方面缺乏一个评判标准，所以，各种争论和分歧也就在所难免，“公说公有理，婆说婆有理”。

这样一个选题，对于内部控制审计的发展具有如下意义：

第一，对内部控制审计制度的研究，有助于解开当前内部控制审计理论研究和实务操作所面临的困局，具有一定的现实意义。

正如在研究背景中提到的，当前关于内部控制审计理论和实务的争论都集中指向了内部控制审计制度的基本理论问题。对内部控制审计本质的理论解释、审计目标和实现机制等内部控制审计基本理论问题的回答，无疑是解开当前内部控制理论和实务研究困局的必由之路。

第二，对内部控制审计制度的研究，具有基础性、系统性和前瞻性，将丰富现有的内部控制审计理论研究成果，具有一定的理论指导意义。

本书从审计产生的起点——委托代理关系及其变迁出发，研究内部控制审计制度，进而系统地研究内部控制审计理论框架及其实现机制，跳出了就某一个具体的理论或者实务问题展开研究的路径，具有基础性和系统性。本书提出了内部控制审计制度的新观点，并在此基础上对内部控制审计的实现机制以及配套措施进行研究，具有一定的前瞻性。

同时，从现有内部控制审计相关研究的文献分布来看，当前的研究主要集中在审计实务、技术标准方面，只有少量的文献关注到内部控制审计的理论问题。本书的选题也是对当前内部控制审计理论研究现状的有益补充。

第三，本书对内部控制审计目标的实现机制进行了研究，并从方法论的层面进行阐释，系统地回答内部控制审计实务所面临的各种挑战，而不是零散地对内部控制审计技术展开研究。因而，有助于内部控制审计方法论的形成，有利于具体审计技术规范修订和完善，具有较强的实践指导意义。

二

内部控制审计的理论研究是一个原创性的工作。这个原创性体现在：现阶段关于审计理论的研究主要是针对财务报告审计的，审计假设、审计目标和审计本质等基本是围绕财务报告审计展开的。现行主要的关于内部控制审计的研究也都是在有关财务报告审计理论框架下开展的，这显然无益于发现内部控制审计的本质规律，并构建内部控制审计的理论框架。

如何跳出财务报告审计理论框架来研究内部控制审计的基本问题，这必须要回到审计理论研究的起点。本书从审计的起点出发，考察委托代理关系及其变迁，进行逻辑推理，试图得出内部控制审计制度的相关结论。总体研究思路是：从委托代理关系及其演变出发，考察内部控制审计制度产生的根本动因，对内部控制审计制度本质进行理论解释，并对内部控制审计制度的合理性进行论证，进而研究内部控制审计的审计学属性、审计目标定位及其实现机制。

按照这个思路，本书从委托代理关系与审计制度产生出发，研究委托代理关系中激励机制和监督机制的制度设计和运行，并从经济制度的创新和经济环境的变化考察委托代理关系的变化，以及由此引致的委托代理各方当事人利益取向的异化，进而研究内部控制审计制度的定位和本质。同时，笔者还从审计学科的角度，解释内部控制审计的审计学属性。进而借鉴现有审计学理论的研究成果，对内部控制审计目标及其实现机制进行研究。

本书主要的研究内容如下：

第一章，“内部控制审计制度的变迁”。本书将对美国和我国内部控制审计制度的发展过程进行梳理和归纳，并对当前关于内部控制审计的主要争论和观点进行评述。同时，对美国萨班斯法案404条款的实施情况进行了跟踪研究，以向读者展示内部控制审计制度在美国的实施情况以及给我们的启示。

第二章，“一种新的内部控制审计观——对委托代理过程的监督机制”。这是对内部控制审计制度的理论解释。本章将从委托代理关系和审计的产生出发，对委托代理机制运行的本质，即委托代理激励机制和委托代理监督机制进行剖析。进而从经济制度的变化研究了委托代理关系的异化所导致的传统委托代理监督机制的失灵。由此，揭示内部控制审计是委托代理监督机制创新，即在对委托代理结果监督的基础上，增加对委托代理过程的监督，开展内部控制审计。内部控制审计是对委托代理过程进行监督，这是一种新的内部控制审计观，也是本书的立论。进一步地，对内部控制审计的审计学属性进行了分析，论证了内部控制审计制度的合理性。

第三章，“内部控制审计目标及其实现机制”。本章将对内部控制的概念进行辨析，从经济学的角度对内部控制的本质进行了再认识，并导出了内部控制的目标。在对内部控制再认识的基础上，提出内部控制审计的目标，进而提出内部控制审计目标的实现机制。

第四章，“内部控制有效性及价值判断标准”。本章将依据第三章提出的内部控制及其目标的观点，研究内部控制有效性的定义；并依据内部控制契约观，研究内部控制有效性的测度，为下一章开展内部控制有效性的评价奠定基础。本章还将对现有主要的内部控制标准，即内部控制有效性的价值判断标准进行介绍，并对如何在内部控制审计中采用上述标准进行评价。

第五章，“内部控制有效性评价与审计结论形成”。本章将基于评价学的基本理论对内部控制审计的评价特征进行分析，并从评价学的角度，讨论如何在基于契约观的内部控制测度下开展内部控制有效性评价的路径选择和约束条件。还将对内部控制有效性评价的常见方法进行总结，并从方法论的角度对各种方法的使用进行评价。最后本章将以内部控制降低交易费用目标为判断标准进行内部控制缺陷评估，并讨论内部控制审计结论的形成和审计报告的出具。

第六章，“内部控制审计目标实现的保证措施”。本章从内部控制审计的独立性问题、审计师的专业胜任能力问题、审计成本与审计质量问题以及内部控制审计报告法律责任问题四个方面，阐述了实施内部控制审计的保证措施。

三

本书得出以下主要结论：

1. 内部控制审计是委托代理监督机制的创新，是对委托代理过程的监督，这是本书提出的一种新的内部控制审计观。内部控制审计产生的根本动因是传统委托代理监督机制的失灵。

由于所有者和经营者之间存在利益冲突和信息不对称，任何一种委托代理关系都包含两个机制：一是激励机制，用来解决所有者和经营者之间的利益冲突问题，使得总的代理成本最小；二是监督机制，用来解决所有者和经营者之间的信息不对称问题，使得所有者掌握足够的信息用以决策，并据此来兑现激励机制。

传统委托代理激励机制是通过经营者参与企业剩余收益的分享来实现的，因而相应的监督机制只需要对剩余收益进行核实，即对委托代理结果进行监督，开展财务报表审计。当传统委托代理关系中各方利益取向发生异化时，仅仅依靠对委托代理结果的监督就不能起到对委托代理关系的监督作用，造成传统委托代理监督机制的失灵，因此需要对委托代理监督机制进行创新，即在对委托代理结果监督的基础上，增加对委托代理过程的监督，开展内部控制审计。

2. 传统委托代理监督机制的失灵来自委托代理关系中各方利益取向的异化，而这种异化来自于经济制度的创新。

委托代理各方利益取向异化主要包括两个方面：一是由于现代金融制度创新和现代企业制度创新所引致的委托方利益取向的异化，即委托方败德行为的发现；二是来自激励制度创新所致的受托方利益取向的异化，加剧了受托方败德行为的风险。

3. 从审计学属性来看，作为对委托代理过程的监督机制，内部控制审计是一种外向型管理审计。

内部控制审计制度的合理性主要体现在：第一，注册会计师对委托代理过程进行监督，开展内部控制审计，具有天然的独立、客观和专业胜任能力的优势。第二，对企业内部控制进行审计并向社会披露的合理性，可以从企业社会责任的角度得到解释，即内部控制审计可以解除由于内部控制“外部性”所导致的企业社会责任。第三，由政府强制性推行内部控制审计制度的制度变迁的合理性，可以从审计报告的公共产品特征及政府强制性制度变迁的高效率得到解释。

4. 内部控制审计目标是鉴证内部控制的有效性并发表意见。

对内部控制的本质和目标的理解不同，影响到内部控制有效性的定义，从而影响到内部控制审计目标的确定。本书提出了内部控制的契约观，认为内部控制是企业不完全契约的补充，内部控制的目标是降低交易费用。

相对于从会计审计视角和从管理视角对内部控制的认识，内部控制的契约观从委托代理关系角度抓住了内部控制的本质，为解释内部控制的有效性以及内部控制有效性的评价奠定了理论基础。

5. 内部控制有效性是内部控制实现降低交易费用目标的程度，内部控制有效性可以从内部控制结果的有效性和内部控制过程的有效性来考察。

根据内部控制契约观提出的内部控制降低交易费用目标，本书提出了内部控制有效性的测度，即如何对内部控制有效性进行度量和评价。分别是：从内部控制降低交易费用的作用层面看，内部控制有效性的测度包括内部治理控制测度和内部管理控制测度；从内部控制降低交易费用的途径和表现形式看，内部控制有效性的测度有经营效率效果测度、财务报告可靠性测度和合规经营测度等；从内部控制降低交易费用的运行机制看，内部控制有效性的测度有内部控制设计有效性测度、与环境的契合性测度、内部控制运行有效性测度等。

6. 内部控制有效性评价包括定性评价和定量评价两种路径。一般认为，定量评价比定性评价具有更科学和更可靠的优势。无论是定性评价还是定量评价，都必须解决好评价对象、评价指标、评价标准和评价结论四个关键问题。

根据内部控制契约观，结合内部控制有效性的测度研究，重点分析了详细评价法、风险导向评价法、简单加权平均评价法和基于层次分析法的模糊综合评价法，对各自的优点以及如何在内部控制审计中运用进行了评价。其中，基于层次分析法的模糊综合评价法采用递阶结构分析和两两比较方法，有效地解决了定性分析定量化的科学性问题，使指标组成和权重分配更加科学合理，提高了评价结论的客观性、可靠性和科学性。

7. 内部控制有效是一个区间的概念。在内部控制契约观下，对内部控制缺陷的评价应该以内部控制例外事件对内部控制降低交易费用目标的影响程度来判断。对内部控制缺陷评价的步骤，主要考虑了缺陷与内部控制降低交易费用目标的关联性、影响程度、有无补偿性控制和谨慎性判断原则等。

内部控制审计结论包含标准意见、否定意见和无法表示意见，一般没有保留意见。当一项内部控制缺陷或者多项内部控制缺陷的组合构成重大缺陷，并且严重影响到企业交易费用降低，使得委托代理过程中的以所有者为中心的内部治理控制和以经营者为中心的内部管理控制可能发生重大负面影响，且没有相应的补偿性控制或者补偿性控制无效，这时注册会计师应当得出内部控制无效的结论，出具否定意见的内部控制审计报告。

同一家公司的内部控制审计报告和财务报表审计报告之间存在关联性，但并不是一一对应。

8. 建立内部控制审计的配套保证措施是内部控制审计目标实现机制的组成部分。相对于财务报表审计，内部控制审计中面临着审计独立性、审计师专业胜任能力、审计成本与审计质量以及审计报告法律责任等特殊问题，本书提出了内部控制审计相应的配套保证措施的政策建议。

本书在以下方面有所创新：

首先，提出了一种新的内部控制审计观，形成了内部控制审计制度研究的一个新视角。

通过对委托代理关系及其变迁的深入考察，揭示出任何一种委托代理关系都存在两种机制，即委托代理激励机制和委托代理监督机制，分别用以解决委托方和受托方的利益冲突问题和信息不对称问题。传统的委托代理关系中，激励机制是通过让受托方参与到剩余收益的分享来实现的，因此监督机制只需要对委托代理的结果，即剩余收益进行监督即可。

通过对经济制度变迁和委托代理关系的进一步考察，指出由于经济制度的变迁导致了委托代理双方利益取向的异化，并由此导致了传统的委托代理监督机制的失灵，即仅仅对委托代理结果进行监督不能起到对委托代理关系的监督作用，需要对委托代理监督机制进行创新。为此，提出了内部控制审计是对委托代理过程监督的观点，提出了一种新的内部控制审计观。在此基础上，提出了内部控制审计的一个理论框架。

其次，从委托代理关系出发，运用契约理论，对内部控制及其目标进行了再认识，提出了内部控制契约观及内部控制目标是降低交易费用的观点，揭示了内部控制的经济学本质，并为内部控制的有效性定义、测度和评价奠定了基础。

运用契约理论，指出内部控制是企业不完全契约的补充，提出了内部控制的契约观和内部控制的目标是降低交易费用的观点。这一观点的提出，抓住了内部控制的经济学本质，比传统的会计与审计视角的内部控制、管理视角的内部控制的概念有了较大突破，提升了对内部控制的认识，为内部控制有效性的定义找到了理论基础。

在此基础上，对内部控制有效性进行了定义，提出了内部控制有效性测度的概念，并按照内部控制降低交易费用的层面、降低交易费用的途径和降低交易费用的运行机制分析了内部控制有效性的测度，这为如何开展内部控制有效性的评价打下了理论基础。这种对内部控制有效性的系统研究，相比传统的和某一个内部控制标准进行对标的做法而言，深入到内部控制有效性测度和内部控制目标之间的关系，将有助于提高内部控制有效性评价的科学性和可靠性。

最后，提出了内部控制审计实现机制的保证措施，如解决内部控制审计在审计独立性、审计师专业胜任能力、审计成本与审计质量以及审计报告法律责任等特殊性的具体措施。特别是指出应该对内部控制审计和财务报表审计整合审计的组织形式进行反思，以及对非重大过失的内部控制审计法律责任进行免责的建议，具有一定的创新性。

第一章

内部控制审计制度的变迁

第一节 内部控制审计制度的发展

从美国2003年实施内部控制审计以来，内部控制审计制度的运行还不到十年时间，我国内部控制审计制度的正式实施仅仅一年多的时间。当前，关于内部控制审计的研究文献主要集中在内部控制审计的实务操作层面，而其中大部分的研究又都集中在对美国PCAOB审计准则2号（AS2）和审计准则5号（AS5）的介绍，对于内部控制审计制度安排、目标定位等理论问题的研究较少①。

基于这种情况，本书对内部控制审计制度正式出现以前，即内部控制检查、内部控制制度审计、内部控制测试评价和内部控制审核等概念下讨论内部控制审计制度的相关文献进行了回顾。一个基本的逻辑是，内部控制审计制度是随着审计环境、审计理论和审

① 此处观点参考了谢晓燕、张龙平、周媛关于内部控制审计相关文献的统计和分析，见“企业内部控制审计研究：文献回顾”一文，《财会月刊》，2009年12月。

计实务不断发展的结果。对内部控制审计制度发展过程中相关观点的了解，有助于把握内部控制审计制度发展的历史脉络。

一、美国内部控制审计制度的发展

美国内部控制审计的发展最具有代表性，分析美国内部控制审计的历史演变，对把握内部控制审计制度发展的规律有重要的借鉴意义。通过对美国内部控制审计制度发展相关文献的研究，美国内部控制审计发展的历程大致可以分为以下阶段：内部控制检查阶段、制度基础审计中的内部控制评价阶段、内部控制审核阶段和内部控制审计阶段。值得注意的是，对内部控制审计发展阶段的区分仅仅是为了研究的需要，而并非绝对的时间划分，某阶段之间可能有重合。

（一）内部控制检查阶段（1934 年美国证券法之前）

在这个阶段，内部控制检查主要围绕有关受托事项和财务账簿的真实性而开展。对内部控制的检查并没有指出内部控制和财务报告之间的关系，也没有对如何进行内部控制检查提出系统的方法和理论，因此称之为内部控制审计的萌芽。这一阶段，最具影响力的事件是 1929 年世界经济危机及随后的美国罗斯福新政、美国 1933 年《证券法》和 1934 年《证券交易法》的出台。

《证券法》（1933 年）和《证券交易法》（1934 年）提出了“内部会计控制”的概念。其中，“披露控制与程序”是《证券交易法》规则 13a—15（d）定义的一个术语，它规定公司应按照美国证监会（SEC）规则所制定的控制和程序，如规定的期间和格式，记录、处理、汇总和报告公司交易，并按照交易法案得到归档或提交。进一步地，“披露控制和程序”还用列举的方式指出，公司应根据交易法案归档或提交报告的要求，将需要披露的信息，传达给公司的管理层（包括 CEO、CFO 或执行类似职能的人），从而及时决策是否需要做出相关披露。事实上这些法规仅仅规定了公司信息披露的程序和内容，而没有具体说明需要注册会计师对内部控制进行审计或审核。这是最早期的内部控制检查的制度规范。

（二）制度基础审计中的内部控制评价阶段（20 世纪初期至 20 世纪 60 年代）

罗伯特·蒙哥马利在《审计理论与实践》（1912 年）一书中，认识到内部控制对审计的重要性，指出应该把对资产负债表的审计与评价客户的内部控制系统联系起来[①]。1938 年，美国麦克森·罗宾斯公司破产事件的爆发，暴露了审计程序的失败和企业内部控制的严重缺陷。美国证监会（SEC）在麦克森·罗宾斯公司破产案的调查报告中，对审计师进行的内部控制检查水平持有异议，认为“许多会计师以一种太随意的方式看待这个重要而基础的审计问题。由于在对财务报表的检查中……大部分情况下采用验证和抽样程序，我们可以看到，对客户的内部牵制和内部控制系统的全面了解不可能得到过度强调。”[②]

美国证监会（SEC）还指出，对内部牵制系统检查不应该局限于会计职能，而应该对整个交易有一个全面了解，因此，要求会计职业就“什么组成了检查内部控制的合适水平”制定指引[③]。1939 年 10 月，美国注册会计师协会发布了《审计程序公告第 1 号》，提出内部控制评价。随后美国证监会（SEC）对审计程序进行了修正，要求注册会计师在审计报告中增加对内部控制审查的内容。

麦克森·罗宾斯事件之后，社会各界开始对内部控制评价进行广泛关注，内部控制评价逐步成为财务报表审计的组成部分和必要

---

① 文硕：《世界审计史》，北京，中国审计出版社，1990 年。

② 张龙平：“美国内部控制审计历史发展”，《财会月刊》，2005 年第 3 期。

③ 同上。

程序，制度基础审计也逐渐取代了账项基础审计。

20世纪40年代后，对内部控制的评价成为财务报表审计的重要内容，技术和方法日趋成熟。1949年，美国注册会计师协会发布了《内部控制：协作体系的要素及其对管理层和独立公共会计师的重要性》报告，对内部控制作了定义。随后，审计程序委员会（CAP）制定了关于内部控制评价的审计准则，发展和完善了内部控制评价，对内部控制的含义、范围和目标进行了规范。由此，美国的内部控制评价从财务报表审计的一个辅助工具，正式成为一项必要程序，并写入了审计准则。

（三）内部控制审核阶段（20世纪70年代至20世纪90年代）

随着内部控制评价成为财务报表审计的必要程序，会计职业团体、政府监管部门和立法机构更加重视内部控制的作用，使财务报表审计中内部控制评价最终演变为独立的鉴证业务，即内部控制审核。以下重大事件起到了重要作用：

1. 1977年《反海外贿赂法案》。该法案规定，美国公司不得对外国政府官员进行非法的政治援助或财务支付（如贿赂），同时，还要求强化会计记录和内部控制，要求公司建立并保持有效的内部会计控制系统。

2. 1978年科恩委员会的报告及美国证监会（SEC）的回应①。1974年美国注册会计师协会成立了注册会计师责任委员会，也称科恩委员会，专门用来研究注册会计师的职责问题。科恩委员会在1978年提交的报告中建议：由公司管理层出具内部控制报告披露公司内部控制的状况，同时聘任注册会计师对管理层出具的内部控制报告进行审核评价并向外界报告。作为对科恩委员会报告的回应，1979年4月，美国证监会（SEC）发布了《管理层对内部会计控制

① 刘明辉：《高级审计研究》，东北财经大学出版社，2009年。

的公告（征求意见稿）》(Statement of Management on Internal Accounting Control)，提议由管理层在向股东提交的年度报告中包含内部会计控制自我评估报告。SEC 原计划将该提议以法律形式确定下来，但因为实施成本过高、信息的相关性不明显和内部控制标准不明确等技术问题，而遭到上市公司、注册会计师、律师以及其他相关人士的反对，该提议不得不暂缓执行。

3. 1987 年美国反欺诈财务报告委员会（COSO 委员会）的报告及 SEC 的再次回应。20 世纪 80 年代，美国发生的系列公司破产、舞弊和审计失败案例引起了社会公众的极度不满。在此背景下，1985 年美国成立了反欺诈财务报告全国委员会，即 Treadway 委员会（也称 COSO 委员会）。这个委员会的职责是专门研究欺诈财务报告产生的原因，并为减少欺诈的发生提出建议。1987 年，该委员会提交的一份报告指出：第一，研究范围中的欺诈财务报告案例大约有 50% 是由于内部控制失效而导致的，并提出了防止财务欺诈发生的建议框架。其中，最主要的措施就是设计和实施有效的内部控制。第二，投资者有权利了解管理层履行内部控制的情况，管理层也有义务向投资者报告本企业内部控制的有效性。在该委员会建议的基础上，美国证监会（SEC）于 1988 年发布了《第 34 - 25925 号提案：报告管理层的责任》（No. 34 - 25925 Report of Managements' Responsibilities）提案。该提案提议由管理层向投资者报告财务数据和内部控制的情况，并由外部审计师对内部控制的有效性进行评价。同样，由于该制度运行成本过大等原因，该提案未能付诸施行。

4. 1991 年《联邦储蓄保险公司改善法案》。20 世纪 90 年代初期，美国商业银行破产事件频发，激起了广大民众对联邦存款保险公司的担忧。美国国会于 1991 年颁发了《联邦储蓄保险公司改善法案》（Federal Deposit Insurance Corporation Improvement Act of 1991, FDICIA）。该法案第 36 条规定，资产总额在 5 亿美元以上的大银行必须评估并报告其内部控制的有效性，并由注册会计师对管理层内部控制自我评估报告进行审计。该规定并不适用于金融机构每年提交给股东的年度报告，而仅仅是要求大银行向相关银行监管机构提交。因此，该法案对上市公司的影响不大，但该法案开创了强制要求管理层报告内部控制有效性的先例。从一定意义上讲，该法案表明内部控制信息可以由管理层提供，通过提供内部控制信息能够达到强化管理层责任意识和完善公司内部控制等效果。很多原先反对对外报告内部控制的团体，开始转而赞同由上市公司管理层对外提供内部控制报告。随后，美国注册会计师协会（AICPA）发布了《财务报告内部控制的审核准则》（SSAE No.2），以规范内部控制审核业务。至此，美国实现了从财务报表审计中的内部控制评价向内部控制审核鉴证的转变，很多上市公司开始自愿披露内部控制审核报告。

（四）内部控制审计阶段（21 世纪初至今）

21 世纪初，安然、世通等舞弊案件的发生极大动摇了投资者对资本市场的信心。为了强化上市公司的责任，保护投资者利益，2002 年 7 月，布什总统批准了《2002 年上市公司会计改革和投资者保护法》（简称萨班斯法案、SOX 法案或 SOA 法案）。该法案第 404 条款规定：公司 CEO、CFO 或类似职务者必须书面声明对本公司内部控制的设计和执行的有效性负责，并要求董事会对公司的财务报告内部控制进行自我评估，作为年度定期报告的组成部分对外披露；同时，还要求注册会计师对公司管理层的内部控制自我评估报告进行审计。这标志着两个转变：一是管理层内部控制报告由自愿性披露变为强制性披露；二是审计师对内部控制的鉴证从有限保证责任的鉴证（内部控制审核）变为合理保证责任的鉴证（内部控制审计）。

根据萨班斯法案的要求，2003 年 11 月 SEC 发布了《最终规则——管理层对财务报告内部控制的报告及其对定期披露的证明》(Final Rule: Managements' Reports on Internal Control Over Financial Reporting and Certification of Disclosure in Exchange Act Periodic Reports)。该规则要求所有遵循1934年证券交易法13（a）或者15（d）条款的公司，都需要在年报中包括管理层对本公司财务报告内部控制的评估报告。

2004年3月，PCAOB发布审计准则第2号——《与财务报表审计结合进行的财务报告内部控制审计》(Auditing Standard No. 2 - An Audit of Internal Control Over Financial Reporting Performed in Conjunction with An Audit of Financial Statements，AS2)。该准则要求由同一家会计师事务所对同一公司的财务报表审计业务和财务报告内部控制审计业务进行整合审计。PCAOB于2007年发布审计准则第5号——《与财务报表审计整合的财务报告内部控制审计》（Auditing Standard No. 5 - An Audit of Internal Control Over Financial Reporting that is Integrated with An Audit of Financial Statements，AS5）取代AS2。审计准则5号的主要变化是，提出了自上而下、风险导向的方法论，增加了对舞弊控制的审计，并更加强调穿行测试的重要性。这些变化使得审计师能够将有限的审计资源投向高风险领域，减少不必要的审计程序，并力争在内部控制重大缺陷导致报表重大错报前被发现。

由此，美国开启了内部控制审计制度化的时代，强制要求上市公司披露内部控制自我评估报告和内部控制审计报告。

二、我国内部控制审计制度的发展[①]

我国内部控制审计的发展可以划分为财务报表审计中内部控制

---

① 陈永宏、姚刚："我国企业内部控制规范体系的研究"，《商业会计》，2010年第1期。

评价阶段、内部会计控制审核阶段和内部控制审计阶段。

（一）财务报表审计中的内部控制评价阶段（2000年之前）

随着制度基础审计方法的推行，内部控制的重要性逐渐得到审计师、企业和监管机构等社会各界的认可，内部控制评价逐渐成为一项重要的审计程序和工作内容。

这一阶段的主要规定有：1996年财政部颁布的《独立审计准则第9号——内部控制和审计风险》、1997年中国人民银行颁布的《加强金融机构内部控制的指导原则》、1997年证监会颁布的《关于上市公司做好各项资产减值准备等有关事项的通知》、1999年全国人大常委会颁布的《会计法》、2000年深圳证券交易所发布的《公开发行证券公司信息披露编报规则》第7号和第8号、2000年证监会发布的《公开发行证券公司信息披露编报规则》第1号、第3号、第5号，等等。

其中，《会计法》（1999）是我国第一部涉及内部控制相关要求的法律，明确要求各单位应当建立、健全内部会计监督制度，提出了单位负责人关于内部控制应承担的责任。《独立审计准则第9号——内部控制和审计风险》（1996）第18条则规定了，注册会计师应当将在审计过程中注意到的内部控制重大缺陷，告知被审计单位管理当局。必要时，可出具管理建议书，还提出了内部控制的“三要素”。

证监会、深圳证券交易所则就上市公司和金融机构的内部控制提出了更加明确的披露要求和报告责任。如深圳证券交易所发布的《公开发行证券公司信息披露编报规则》第7号和第8号（2000）中规定，商业银行和证券公司还应将其委托会计师事务所出具的内部控制评价报告随年度报告一并报送中国证监会和证券交易所。证监会发布的《公开发行证券公司信息披露编报规则》第1号、第3号、第5号（2000）则要求，商业银行、保险公司、证券公司等金融机构应建立健全内部控制制度，并由公司管理层对内部控制制度的完整性、合理性和有效性做出说明。

在这阶段，我们看到，关于内部控制评价的规定主要是基于制度基础审计需要以及行业管理需要而进行的。其中，一个显著的趋势是对于上市公司和金融企业的内部控制的要求明显加强。

（二）内部会计控制审核阶段（21 世纪初至 2008 年）

内部会计控制审核阶段的形成是以 2001 年财政部内部会计控制系列规范的出台以及 2002 年中国注册会计师协会《内部控制审核指导意见》的发布为标志的。

2001 年 6 月，财政部颁布的《内部会计控制规范——基本规范（试行）》和《内部会计控制规范——货币资金（试行）》，明确提出了各单位应建立和完善内部会计控制体系，要求以内部会计控制为主，同时兼顾与会计相关的其他控制。随后，又相继颁布了《内部会计控制规范——采购及付款》（2002）、《内部会计控制规范——销售及收款》（2002）、《内部会计控制规范——工程项目》（2003）、《内部会计控制规范——担保》（2004）和《内部会计控制规范——对外投资》（2004）等规范。

2002 年 2 月，中国注册会计师协会发布的《内部控制审核指导意见》，规范了注册会计师对被审计单位管理当局与会计报表相关的内部控制有效性认定审核业务。

此后，不同的监管机构和行业协会纷纷出台了各部门和行业的内部控制审核评价办法。我国进入了内部控制独立审核的快速发展轨道。其他部门发布的主要规范有：2003 年中国内部审计协会发布的《内部审计具体准则——内部控制审计》、2005 年银监会发布的《商业银行内部控制评价试行办法》和《商业银行市场风险管理指引》、2005 年证监会发布的《关于提高上市公司质量意见的通知》、2006 年新修订的《中国注册会计师审计准则》第 1121 号准则和

1231号准则、2006年证监会发布的《首次公开发行股票并上市管理办法》、2006年国资委发布的《中央企业全面风险管理指引》、2006年上海证券交易所发布的《上海证券交易所上市公司内部控制指引》、2006年深圳证券交易所发布的《深圳证券交易所上市公司内部控制指引》、2007年国务院法制办发布的《上市公司监督管理条例(征求意见稿)》等。

从准则的层面，《内部审计具体准则——内部控制审计》(2003)基于COSO内部控制整合框架，要求从被审计单位的控制环境、风险评估过程、信息系统和沟通、控制活动、监督五个方面评价内部控制系统；同时，新修订的《中国注册会计师审计准则》(2006)第1121号准则，重新规定了内部控制的内涵和要素，分别解释了内部控制五要素的涵义；第1231号准则对注册会计师了解企业内部控制、控制测试的程序及方法做了原则性规定。

从信息披露和监管层面，《关于提高上市公司质量意见的通知》(2005)要求上市公司对内部控制制度的完整性、合理性、有效性进行定期检查和评估，并要求外部审计师对公司内部控制制度及自我评估报告进行核实评价。《首次公开发股票并上市管理办法》(2006)第二十九条明确要求，发行人内部控制在所有重大方面是有效的，并需要经注册会计师出具无保留意见的内部控制鉴证报告。《上海证券交易所上市公司内部控制指引》(2006)第三十二条规定，公司董事会应在年报中披露内部控制自我评估报告和会计师事务所对内部控制自我评估报告的核实评价意见。《深圳证券交易所上市公司内部控制指引》(2006)，要求上市公司应当在每个会计年度结束后四个月内，披露内部控制报告和注册会计师对内部控制报告的专项审核意见。

随后，上海证券交易所和深圳证券交易所在每年的上市公司年报工作通知中，都明确要求上市公司应按照证监会和交易所的要求，对本公司内部控制的有效性进行自我评估，鼓励有条件的公司聘请审计机构对公司财务报告内部控制进行审计，并披露内部控制自我评估的核实意见。内部控制审核制度纳入了日常管理轨道。

（三）内部控制审计阶段（2008 年《内部控制基本规范》颁布至今）

2008 年 6 月，财政部、审计署、证监会、银监会和保监会等五部委联合发布了《企业内部控制基本规范》，要求执行本规范的上市公司对内部控制的有效性进行自我评价，并披露年度自我评价报告，有条件的上市公司还可聘请具有证券、期货业务资格的会计师事务所对内部控制的有效性进行审计。自此，我国正式确立了内部控制审计制度。

2010 年 4 月财政部正式发布了《内部控制审计指引》，规定，自 2011 年 1 月 1 日起，内部控制审计制度先在境内、境外同时上市的公司实施；自 2012 年 1 月 1 日起，在我国上海和深圳主板上市的所有公司都要实施内部控制审计制度。至此，内部控制审计正式开始实施，纳入了制度化轨道。

三、对内部控制审计制度发展的述评

通过对美国和我国内部控制审计发展历程的回顾，我们从中可以梳理出一个简单的规律，即每一次内部控制审计的发展都依赖于某一次重要事件。

简而言之，1929 年的经济危机导致了 1933 年《证券法》和 1934 年《证券交易法》的出台，使得美国监管机构对于内部控制的检查予以关注。1938 年的麦克森·罗宾斯公司破产导致了美国注册会计师协会发布了第 1 号《审计程序公告》，促成了制度基础审计的出现，内部控制评价正式成为审计程序和内容，写入审计准则。1977 年《反商业贿赂法案》、1978 年《科恩委员会报告》、1987 年

《反欺诈委员会报告》和1991年《联邦储蓄保险法案》等规定的出台，使得内部控制评价成为社会各界争论的焦点，内部控制是否需要进行审计受到广泛争论。这些争论为内部控制审计的制度化奠定了基础。

而随着安然、世通等舞弊丑闻的发生及随后2002年美国萨班斯法案的出台，关于内部控制审计制度化的争论得以终结，正式确立了内部控制审计制度。可以说安然、世通等公司丑闻的发生，成了美国内部控制审计制度化的导火索，而萨班斯法案的出台则直接导演了美国内部控制审计制度的诞生。

我国的情况也是如此。我国是一个成文法国家，关于内部控制审计相关法规的颁布虽然不像美国那样，可以直接和某一事件相联系。但是我们仍然可以看出，内部控制审计相关规定的出台也反映了当时的一些主要经济事件的影响。如银广夏事件的爆发，使得社会各界以及监管机构对上市公司内部控制的关注加强，为出台《内部会计控制规范》奠定了基础。部分国有企业及国有商业银行的破产、舞弊等事件发生，如中航油新加坡公司破产事件、中国铝业期货违规事件、广东国际信托公司破产事件和中国银行哈尔滨河淞街支行某分理处主任携巨款潜逃事件等，也导致了各监管机构纷纷出台对下属企业内部控制评价规范的出台。

我国财政部等五部委联合发布的《企业内部控制基本规范》则显然受到了美国萨班斯法案的影响，2008年的美国次贷危机和随后国际金融市场的动荡，则直接加速了我国以国家层面出台统一的内部控制以及内部控制审计规范，明确要求开展内部控制审计，正式确立了我国内部控制审计制度。

总之，从内部控制审计制度发展历史来看，一系列重大的财务舞弊、企业破产、欺诈丑闻加深了人们对内部控制重要性的认识。内部控制审计制度化的过程“一波三折”，经历了多次提议，多次遭到否定，最终以法律形式确立的“否定之否定”的过程。这个过程，一方面反映了内部控制本身的重要性，另一方面也反映了内部控制审计制度经济影响的复杂性。毕竟，审计制度是经济和社会环境发展的产物。

第二节 有关内部控制审计制度观点之争与述评

内部控制审计制度的形成是各方利益博弈的结果。从内部控制审计制度的发展过程中，我们看到了这种博弈来自于企业所有者、潜在投资人、管理层、监管机构、会计师和其他社会团体等等。上述发展过程，也毫无疑问地反映了博弈各方力量的对比和变化。笔者将近20年来，有关内部控制审计制度的观点进行了分析、归纳，发现不同的观点之争主要集中在：要不要内部控制审计制度或者什么样的制度，也就是制度的合理性；以及内部控制审计制度的目标如何确定。

一、关于内部控制审计制度安排的合理性

（一）主要观点

1. 第一种观点认为对于内部控制进行审计的制度安排不妥或需要审慎考虑。

张延民（1992）认为“内部控制制度审计”的提法是不妥当的，评价和审查内部控制制度是一种审计手段和方法，对内部控制制度审查的目的只是为了了解会计数据等产生的条件，并不涉及对经济活动和会计数据本身的验证。内部控制制度不能成为审计对象。王

光远、刘秋明（2003）认为，要求企业对内部控制的有效性强制报告的做法有待商榷，要求注册会计师对内部控制的有效性进行审计并报告的做法值得进一步探讨。这也是来自英国内部控制发展的启示。

张艳、钟文胜（2011）对内部控制审计可靠性的作用机制及内部控制审计本质进行了分析，认为在财务报告控制系统中不同控制机制间存在替代或补充作用，只有充分发挥制度的协同性才能防范公司造假并分散制度风险，对内部控制报告进行审计的制度安排破坏了这种协同性。内部控制审计制度安排将保证财务报告可靠的责任推到审计环节，无疑掉进了重复审计和循环论证的怪圈。从信息增量来说，内部控制审计报告没有意义，充其量是相同的主体对相同的目标（财务报告可靠性）提供了双重证明。

2. 第二种观点认为内部控制审计安排是审计发展的产物，它反映了社会公众的需求和期望，改变了单一的财务报告审计模式，属于政府强制性制度变迁。

张龙平（1992）认为，否认“内控制度审计”是欠妥的，指出1985年审计署颁布的《关于内部审计工作的若干规定》明确内审部门主要任务之一就是“对内部控制制度的健全、有效及执行情况进行监督检查”①，在内部控制制度审计中，内部控制制度是唯一的审计对象。唐宇、陈广垒（2007）对美国内部控制审计发展过程进行了分析，回顾了美国内部控制审计的几个里程碑，指出内部控制审计发展是内部控制信息披露需求和政府强制推动的产物。阚京华、曹俊（2007）指出，2002年美国萨班斯法案促使美国上市公司内部控制进入一个管理当局自我评价和外部审计师独立评价的强制性双重评价阶段。

---

① 张龙平：“内部控制制度审计、内部控制制度评价和制度基础审计是三个不同的概念”，《财会通讯》，1992年第9期。

张龙平（2008）认为财务报告内部控制审计作为一种新型的审计业务，经历了财务报表审计中的内部控制评价、内部控制审核和内部控制审计三个阶段，经历了三个转变，即从辅助性工作演变为单独的业务，从自愿性披露演变为强制性披露，从有限保证业务演变为合理保证业务。这种转变从表面看是历次重大的舞弊案件推动的结果，实际上则是人们的期望推动了内部控制审计的发展。陈小林、陈作习（2010）指出，内部控制审计正式成为一项新的审计业务，使得外部审计由单一的财务报告审计模式进入到财务报告审计与内部控制审计并行的综合审计模式。杨志国（2010）指出，内部控制审计制度的确立表明监管重心从只注重财务报告本身可靠性转向同时注重对财务报告可靠性保证机制的关注，改变了内部控制审计是财务报表审计“附属品”的看法。周曙光、陈丽蓉（2011）指出政府监管是内部控制审计产生与发展的主要推动力量。

3．第三种观点认为内部控制审计制度安排是合理的，但对于局限于某一个时点的内部控制审计和局限于财务报告内部控制审计是不合理的。

陈关亭、杨芳（2003）的调查结果表明，被访者赞同注册会计师对内部控制信息进行审计并出具审计意见，反对仅仅对某一时点（而不是时段）的内部控制进行评价。白华、高立（2011）从历史发展、实践考察和理论逻辑等三个视角来考察，认为“财务报告内部控制面临着两难困境，财务报告内部控制研究陷入了一个为不能独立存在的系统寻找独立存在理由的尴尬境地”[①]，相应地，应该从财务报告内部控制审计转入内部控制审计。

（二）述评

笔者认为，上述对内部控制审计制度安排的讨论，大多是对美

① 白华、高立：“财务报告内部控制：一个悖论”，《会计研究》，2011 年第 3 期。

国和我国现行内部控制审计制度的介绍和评价。无论是反对还是支持内部控制审计制度的观点，都没有深入内部控制审计制度产生的根本动因，进而研究内部控制审计的本质，而只是从制度的可行性方面进行了讨论。

在这样的研究视角和研究深度下，由于对内部控制制度和目标定位的研究并没有触及到内部控制审计的本质，如内部控制审计在委托代理关系中的作用等，从而没有形成一个内部控制审计系统的理论框架，所以对于当前面临的各种争论就没有一个评判的标准。不同的观点站在不同的角度看都具有一定的合理性，这也导致了当前内部控制审计理论研究和实务操作的混乱。

但可喜的是，随着内部控制审计实践的开展，理论界对于内部控制审计制度安排本身进行了反思，如有学者认为现行财务报告内部控制审计制度安排不合理等。但这些观点仅仅是对内部控制审计本质的一个感性认识，是来自于实践的困惑与反馈，而没有上升到理论的层面，并得出系统的结论。因此也没有能够有说服力地对上述不同观点进行回答。

二、关于内部控制审计目标定位

（一）监管部门的观点

美国证监会（SEC）批准的 PCAOB 审计准则指出，财务报告内部控制审计目标是对公司财务报告内部控制的有效性进行审计并发表意见。可见，美国规定的内部控制审计对象是与财务报告相关的内部控制，审计目标则限于对财务报告内部控制的有效性发表审计意见。

我国《企业内部控制审计指引》第二条指出，内部控制审计是由注册会计师对特定基准日内部控制设计与运行的有效性进行审计。

《指引》第四条进一步指出，注册会计师应对财务报告内部控制有效性发表审计意见，并对审计过程中注意到的非财务报告内部控制的重大缺陷，在内部控制审计报告中增加“非财务报告内部控制重大缺陷描述段”进行披露。由此可以看出，我国内部控制审计的目标是，一方面要求对内部控制设计与运行的有效性进行审计，另一方面，却只要求对财务报告内部控制发表审计意见，而对非财务报告内部控制，仅仅要求对所发现的重大缺陷进行披露，不需发表审计意见。

由此可见，美国和我国的监管部门在内部控制审计目标上是不完全相同的。

（二）学术界的观点

学术界对于内部控制审计目标的观点大致可以分为两个阶段：

第一个阶段是2003年之前。在这个阶段，美国还未开始实施萨班斯法案，我国也还在开展《内部会计控制规范》所规定的内部会计控制审核业务，学者们对于内部控制审计的认识和研究还停留在制度基础审计和风险导向审计的内部控制评价和测试阶段，较少关注作为独立的、法定审计业务内部控制审计的目标。

第二个阶段是2003年之后，尤其是2008年颁布《企业内部控制基本规范》后，学术界对我国将要实施的内部控制审计开展了大量的研究。在2011年我国开始实施内部控制审计后，对内部控制审计目标的研究开始变得多元化。

1. 第一阶段关于内部控制审计目标的主要观点

徐政旦、朱荣恩（1992）指出审计人员评审内部控制的目的之一就是帮助单位健全和完善内部控制制度，提高经营管理水平。

周树大（1999）认为从审计方式的历史发展、审计过程、内部控制审计理论依据和内部控制审计目标四个纬度来看，内部控制审计是一种审计方式。认为，内部控制审计就是先以检查评价被审计单位内部控制制度为基础，再有针对性通过直接审计（实质性测试）达到审计目标的过程，即内部控制审计目标是为财务审计提供支持。

王立新等（2000）认为内部控制审计是传统审计向管理型审计发展的一种延伸审计，是开展财务收支审计、任期经济责任审计、经济效益审计等管理型审计项目过程中的“伴生品”，内部控制审计的目标是建设性的，是一种附加服务。

2. 第二阶段关于内部控制审计目标的主要观点

张龙平、陈作习（2008）认为，作为注册会计师法定业务的财务报告内部控制审计目标是对公司某个时点的财务报告内部控制有效性发表意见。

谢晓燕、张龙平、周媛（2009）认为，内部控制审计的涵义具有发展性和延伸性。当前内部控制审计目标是注册会计师接受委托，对特定时点管理层财务报告内部控制有效性自我评价报告进行审计并发表意见。顾奋玲（2009）指出，由于企业内部控制的复杂性和多样性，外部审计师对内部控制进行审计十分困难。我国内部控制审计应借鉴国际通行做法，明确限定于财务报告内部控制，对内部控制其他方面的评价可由熟悉公司情况的审计委员会和董事会完成，并向投资者披露。

丁友刚和胡兴国（2010）则从内部控制法律要求的理论依据以及美国司法实践出发，指出内部控制的法律要求一直都是针对内部会计控制而提出的。孙芳城、杨兴龙、田冠军（2010）认为萨班斯法案实际上将监管的范围回归至财务报告内部控制，这是审计界在对内部控制诉求急剧膨胀后的一次理性回归。吴秋生（2010）认为内部控制审计是指对管理当局内部控制自我评估报告的真实性和合法性发表意见。

张影（2011）通过对日本内部控制审计准则的分析指出，日本企业会计审议会强调内部控制审计是适当性审计而不是有效性审计，与财务报告的静态结果审计不同，内部控制审计是以一系列连贯的运动过程作为审计对象的动态审计，要证明的是现在的运行状况而不是历史结果。

韩丽荣、郑丽、周晓菲（2012）指出，从美国《上市公司会计改革和投资者保护法案》出台的基本需求来看，提高财务报告内部控制的有效性是最根本的诉求，内部控制审计应该定位于财务报告内部控制审计；同时还从公共物品理论论述了财务报告内部控制具有“公共物品”的特性，所以内部控制审计目标应该局限于确保财务报告内部控制的有效性。

（三）述评

通过上述回顾，我们发现，在 2003 年之前关于内部控制审计目标的观点呈现多元化特点，逐步从内部审计的工具方法论向内部控制审计的本质深入。如有学者提出了内部控制审计的管理审计特征，并开始出现内部控制审计目标具有建设性职能等观点。这反映了对内部控制审计目标研究的良好势头。

但是从 2003 年美国开始实施财务报告内部控制审计以来，学者们普遍转向接受内部控制审计目标是鉴证财务报告内部控制的有效性的观点，呈现“一边倒”趋势。通过对上述文献的研究发现，出现这种“一边倒”趋势的主要理由无非是以下三个：第一，基于审计师专业胜任能力的局限性和审计成本方面的考虑，内部控制审计目标只能限定于鉴证财务报告内部控制的有效性；第二，由于对内部控制以及内部控制审计范围的不确定性，如果跳出财务报告内部控制的范畴，难以找到具体的实务标准，所以进行全面内部控制审计不可为；第三，美国和日本等国家的经验使得我国的内部控制审计产生了路径依赖。

笔者认为，上述三个理由都没有触及内部控制审计制度产生的根本动因，仅仅是对现实中反映出来的问题所做出的适应性妥协。对于内部控制审计目标的研究，应该从内部控制审计的本质出发，不可因为成本因素或者技术难度就改弦易张，也不可人云亦云。

第三节 萨班斯法案404条款实施的跟踪研究[①]

萨班斯法案自2002年颁布后，笔者对其进行了跟踪研究。截至2007年的五年间，关于该法案，尤其是其中第404条款的争论未曾中断。主要有两种意见：一种意见认为，萨班斯法案的第404条款一方面对于改善公司治理、防范风险、保护社会公众利益产生了积极作用；另一种意见认为，其执行成本和效率的矛盾、监管力度和市场平衡的矛盾所导致的实施中的困难也是现实存在的。本节通过对美国SEC历次内部控制圆桌会议反馈信件等资料的收集和整理，选取40位代表人物的相关评论，以及对404条款实施以来发生的15个主要事件的分析，来呈现美国各界对于404条款的不同看法。

一、对萨班斯法案404条款实施以来主要评论的研究

笔者选取了40位代表人物的相关评论进行了不完全统计（统计分析详见中国注册会计师协会行业发展研究资料No. 2007－2）。根据他们的社会职业群体分为政府官员及监管机构代表、企业及企业协会组织代表、会计与审计职业团体代表三个类型；对各种评论归纳

① 系本书的阶段性研究成果，完成于2007年5月。收录于《中国注册会计师协会行业发展研究资料》（No. 2007－2）。

为反对、基本肯定和积极支持三大类。调查结果表明：

持反对观点的共 19 位。主要代表人物有：美联储前主席格林斯潘、纽约市长彭博、美国商会副主席大卫·C·查韦恩、威尔士国家银行高级副董事长兰德尔·奥汀等。

持基本肯定观点的共 13 位。主要代表人物有：美国证监会主席克里斯多弗·考克斯、美国证券交易所主席尼尔·沃尔科夫、纳斯达克全球总裁兼首席执行官罗伯特·格雷费尔德等。

持积极支持观点的共 8 位。主要代表人物有：美国公众公司审计管理中心主席罗伯·吉·库帕斯、美国管理会计师协会（IMA）副主席杰弗里·C·汤姆森、全美银行家协会（ABA）会计与税务事务总裁棠娜·J·费希尔、普华永道会计师事务所等。

（一）持反对观点的代表性评论

1. 对法案基本否定。认为法案不能防止欺诈和舞弊，而只是去发现错误。这一方面降低了纽约金融市场活力和地位，同时也是对企业的束缚，会削弱企业竞争力。代表性的评论有：

2006 年 4 月 25 日，威尔士国家银行高级副董事长、内部审计师兰德尔·奥汀在给 PCAOB 的电子邮件中指出：实施 404 条款不会阻止一个发生在其他公司（如安然、世通）类似的欺诈。实施 404 条款导致大量的重复工作，对预防重大的财务欺诈毫无意义。

2006 年 4 月 27 日，美国高通公司执行副董事、首席财务官威廉·凯尔在给 PCAOB 的电子邮件中指出：萨班斯法案初始目的是为了减少财务欺诈和会计操纵。然而错误的发现却主要依赖交易层面上的测试结果，更进一步地说，现行的指引仍然导致了大量的错误，更多的资源用于发现错误而不是避免财务舞弊、公司治理的错误和对会计准则有意图的操纵。

2006 年 11 月 1 日，纽约市长彭博和纽约州参议员舒默在《华尔街日报》发表联名文章“拯救纽约，学习伦敦”，批评道：因金融市场监管过度，将令纽约交易所失去国际金融市场的领先地位；在新股上市方面，纽约的地位已受到香港和伦敦的威胁。

2. 认为404条款监管过度，过犹不及。代表性的评论有：

2006年4月12日，美联储前主席格林斯潘称：（美国）国内人士已对该法案表示了相当大的担心，怀疑其中所要求的监督、监管力度及报告提交等问题可能已经超过了必要的水平，萨班斯法案将面临修改。

2006年9月25日，格林斯潘在马萨诸塞州的一次技术咨询会上再次指出：萨班斯法案要求首席执行官对其提供的财务报告进行保证，这是一件好事。除此之外，404条款的实施是没有好处的，只会是个噩梦。

2006年11月9日，格林斯潘再次表示严格的监管成为近来许多美国公司选择在海外上市的重要原因。

3. 认为执行404条款成本过高，予以反对。代表性的评论有：

2005年3月31日，全美零售商联合会董事长兼首席执行官特蕾西·穆尔林在给PCAOB的反馈信中指出：萨班斯法案404条款的成本超过了收益。

2006年5月3日，美国商会副主席大卫·C·查韦恩在给PCAOB的反馈信中指出：执行萨班斯法案404条款给希望在美国发行股票的公司带来了没有必要的负担，而且这些负担与能够合理确认的利益相比是不成比例的。

（二）持基本肯定观点的代表性评论

1. 基本肯定萨班斯法案的积极贡献，认为强化了公司治理和风险控制，但强调需要在提高市场竞争性和保护投资者利益之间平衡，需要不断的改进。代表性的评论有：

2006年9月19日，美国证监会主席克里斯多弗·考克斯在美国国会关于财务服务的陈述中谈到萨班斯法案的影响时指出：法案不是在任何方面都是完美的，但其对国家经济健康做出了巨大贡献。如果404条款贯彻执行得再好些，它们就会发挥更大的作用。404条款应用产生的问题，起因于该法案后半部分的执行——这部分要求审计师对管理层的自我评估报告进行评价。

2006年11月2日，美国纳斯达克全球总裁兼首席执行官罗伯特·格雷费尔德指出：应该更多看到萨班斯法案积极的一面，它对改善公司治理很有积极意义。其实，实行萨班斯法案，最有挑战的只是开始阶段。比如说我们自己，在第一年投入了很多精力和成本，在每个流程上加强对风险的控制，一旦这套体系建立起来，就顺畅多了。他认为，404条款有些要求是过于苛刻了，有修改的空间。

2. 对法案基本肯定，但强调需要在大公司、小公司的实施上区别对待。代表性的评论有：

2006年4月27日，美国小型企业管理办公室主席托马斯·曼苏丽文在给PCAOB的电子邮件中指出：404条款内部控制报告的要求是将非常高且不成比例的成本加于小公司之上，这可能对小公司融资设置障碍。

2006年5月8日，美国证券交易所主席兼首席执行官尼尔·沃尔科夫在给PCAOB的电子邮件中指出：依据404条款的要求，如果无法区分正在寻求资本市场的小公司和具有良好财务和资本基础的大公司之间的基础结构和财务差异，将对美国经济整体，尤其是小企业带来伤害。

（三）持积极支持观点的代表性评论

1. 认为404条款实施会给企业带来好处，只需要进行小范围、技术性或细节性的修改。代表性的评论有：

2005年4月1日，全美银行家协会（ABA）会计与税务事务总裁堂娜·J·费希尔在给PCAOB的反馈电子邮件中指出：ABA完全支持建立健全内部控制，因为它不仅可以为财务报告的使用者提供对财务报告完整真实性的合理保证，还为管理层建立了合适的管理公司风险的基础。

2006 年 4 月 26 日，加拿大帝国商业银行（CIBC）执行副董事、审计官布鲁斯·雷尼汉在给 PCAOB 的反馈电子邮件中指出：CIBC 已经意识到实施萨班斯法案 404 条款的收益，其中最重要的是它提高了员工的控制意识和认知程度。更新后的有关财务报告的重要业务流程和关键控制，已经成为很多业务单元有用的参考工具。404 条款的应用过程在提供一个更宽广的控制环境基础的同时，切实提高了财务报告的内部控制水平。CIBC 指出，“底线”或最小覆盖率的概念与基于风险、自上而下的方法是不一致的，希望在覆盖的概念上予以明确。

2. 认为 404 条款已经带来了巨大的潜在好处，是一种投资，无需进行重大变更。代表性的评论有：

2005 年 4 月 4 日，美国公众公司审计管理中心主席罗伯·吉·库帕斯在给 PCAOB 的反馈电子邮件中指出：这种改进已经在近期的很多调查和文章中被许多财务管理人员讨论过，他们普遍认为萨班斯法案的执行是一项很好的投资。第一年的执行成本极容易被量化出来，与其成本相比，好处虽然不显著，但它带来了巨大的潜在好处。这种好处表现为在管理层和外部审计师对财务报告内部控制有效性的报告中提出了数千条控制缺陷。既有的法案并不需要修改。

2006 年 5 月 1 日，普华永道会计师事务所在给 PCAOB 的电子邮件中指出：萨班斯法案 404 条款，不需要进行重大的变更。

2006 年 5 月 4 日，美国管理会计师协会（IMA）副主席杰弗里·C·汤姆森在给 PCAOB 的反馈电子邮件中指出：萨班斯法案特别是 302、404 条款为公司治理进行了一个全面的规定。对财务报告内部控制的管理层报告和审计师的鉴证报告，已经为公司带来了积极的效果，比如标准化和优化了业务流程，强化了总体控制环境（特别是高管基调），增强了审计委员会对公司财务报告流程的关注，加强了披露举报机制，并提高了对控制活动的自动化程度。

（四）分析与小结

1．分析40位代表的评论，萨班斯法案404条款的积极作用大体上得到社会各界的肯定，但反对的声音也比较大，其实践效果尚需要进一步的检验。前述不完全统计分析的结果表明持基本肯定观点有13位，占32.5%，持积极支持观点有8位，占20%。持反对观点有19位，占47.5%。

2．反对观点主要包括法案本身（共7位，占17.5%）以及法案的执行（共12位，占30%），后者即监管过度（共3位，占7.5%）和成本过高（共9位，占22.5%）。反对的焦点主要表现在执行的效率和监督力度问题，这为进一步推进404条款找到了突破的方向。

3．不断改进内部控制实施的过程和提高效率，并区分大小公司分别对待是影响萨班斯法案404条款能否顺利实施的关键因素（共13位，占33.75%）。

4．不同的社会团体表现出不同的利益倾向。政府官员和监管机构代表中40%反对，60%支持。反对者主要担心萨班斯法案404条款会对美国金融市场地位受到影响，更多地考虑宏观经济利益。来自监管机构的代表则更多地对404条款持肯定态度，但强调要进行改进，强调监管力度需要在保护公众利益和维护市场效率之间得到平衡。企业界代表对404条款的反对意见和支持意见持平。反对者主要认为执行成本过高，支持者则认为有助于强化企业流程和风险管理。会计和审计职业团体则大多持支持态度。

二、萨班斯法案404条款实施进展的跟踪研究

通过对404条款实施4年来的跟踪研究，我们发现SEC在404条款的实施上主要做了三个方面的工作，即：（1）对不同类型公司

实施时间进行了5次调整；（2）在技术层面，与PCAOB、COSO委员会开发了一系列的标准，并发布了相关的规范；（3）开展了提高审计师效率和PCAOB监管效率的一系列的评估项目。

（一）实施过程中的主要事件

对于SEC关于不同类型公司的分类，本书按其实质称之为大型公司和小型公司，不对其定义和标准的变化进行赘述。

1. 2003年6月5日，SEC发布公告，规定：已上市的美国公司中的大型公司应在2004年6月15日（含当日，下同）以后的年度报告中出具内控报告；小型公司应在2005年4月15日以后的年度报告中出具内控报告。已上市外国公司中的大型公司和小型公司都应在2005年4月15日以后的年度报告中出具内控报告。

2. 2004年2月24日，SEC发布公告，规定：已上市的美国公司中的大型公司应在2004年11月15日以后的年度报告中出具内控报告，即推迟5个月。对于小型公司应在2005年7月15日以后的年度报告中出具内控报告，即推迟3个月。对于已上市外国公司中的大型公司和小型公司应在2005年7月15日以后的年度报告中出具内控报告，即推迟3个月。

3. 2004年6月17日，SEC批准PCAOB审计准则2号。

4. 2005年3月2日，SEC发布公告，规定：已上市美国公司中的小型公司应在2006年7月15日以后的年度报告中出具内控报告，即再推迟1年。已上市外国公司中的大型公司和小型公司应在2006年7月15日以后的年度报告中出具内控报告，即再推迟1年。

5. 2005年5月16日，SEC发表对萨班斯法案实施一年来的申明，指出：①遵循404条款使得各方受益；②推行404条款的第一年产生了巨大的成本。

6. 2005 年 9 月 22 日，SEC 发布公告，规定：已上市美国公司中的小型公司应在 2007 年 7 月 15 日以后的年度报告中出具内控报告，即再推迟 1 年。已上市外国公司中的小型公司应在 2007 年 7 月 15 日以后的年度报告中出具内控报告，即再推迟 1 年。

7. 2006 年 5 月 1 日，PCAOB 开展“敦促审计师提高效率并符合 AS2 要求”的监管项目。

8. 2006 年 5 月 17 日，SEC 公告下阶段拟采取的改进 404 条款的 4 项措施，即：①开发管理层进行内控评估的指南，以适应 404（a）的要求。包括发布概念公告、接受各方反馈、考虑 COSO 委员会的支持并最终发布指南等；②与 PCAOB 紧密合作修订审计准则 2 号，以使得该准则符合公众利益和保护投资者；③SEC 将对 PCAOB“敦促审计师提高效率并符合 AS2 要求”的监管项目进行评估，以考查审计师的工作效率和 PCAOB 的工作；④将进一步延迟小型公司实施 404 条款的日期。

9. 2006 年 7 月 11 日，SEC 批准发布了 COSO 委员会开发的《小企业 COSO 内部控制框架》。

10. 2006 年 7 月 11 日，SEC 发布《管理层内部控制评价概念公告》，以指导公司管理层进行内部控制自我评估。

11. 2006 年 8 月 9 日，SEC 发布公告，规定：已上市外国公司中的大型公司出具管理层内控评估报告的时间不变，但审计师出具审计报告的时间推迟到 2007 年 7 月 15 日，即推迟 1 年。

12. 2006 年 12 月 15 日，SEC 发布公告，规定：已上市美国公司中的小型公司应在 2007 年 12 月 15 日以后的年度报告中出具管理层内部控制评估报告，要求审计师在 2008 年 12 月 15 日以后的年度报告中出具审计报告。对于已发行外国公司中的小型公司应在 2007 年 12 月 15 日以后的年度报告中出具管理层内部控制评估报告，审计师在 2008 年 12 月 15 日以后的报告中出具审计报告。同时对所有新发行上市公司，均要求在第二个年度出具管理层内部控制评估报告和审计报告。

13. 2006年12月19日，SEC发布PCAOB提交的审计准则2号修改稿的征求意见稿（即审计准则5号征求意见稿），提议采用新的审计准则——《与财务报表审计相整合的财务报告内部控制审计》——取代AS2号。该准则强调了自上而下、风险导向的审计方法。

14. 2006年12月20日，SEC发布《管理层内部控制评价解释性指南（征求意见稿）》。该指南要求采用自上而下、风险导向的评估方法、取消覆盖率概念和修改缺陷类型等。

15. 2007年6月12日，SEC正式批准PCAOB审计准则5号，以取代审计准则2号。

（二）分析与小结

1. 实施404条款的时间变更非常频繁，主要是推迟小公司（美国和外国）、外国大公司的实施时间。

自2003年6月开始实施到2006年12月的42个月内，共进行了5次调整，平均8个月就发布1次公告调整实施时间。其中第5次和第6次公告仅仅相隔4个月。

无论是美国的小公司还是外国的小公司，经过5次调整后都推迟到2007年12月15日出具管理层内部控制评估报告，2008年12月15日出具审计报告；相对而言，美国大公司仅调整1次，并要求于2004年11月15日出具内控报告；外国的大公司仅调整2次，并要求于2006年7月15日出具内控报告。

这反映了SEC对于不同文化背景、不同规模的企业推行内部控制的考虑。正如美国证监会主席托马斯·考克斯所说，大公司、小公司、国内公司、国外公司都是美国资本市场的重要组成部分，必须兼顾它们的利益。

2. SEC相继出台了一系列技术层面的标准和规范，形成了实施萨班斯法案404条款较为完备的技术规范体系，这是404条款顺利实施的关键因素。

这些技术规范主要包括：PCAOB《审计准则2号》和《审计准则5号》，用以解决审计程序和标准问题；《小企业COSO内部控制框架》，用以解决小企业内部控制建设指引和标准；《管理层内部控制评价概念公告》和《管理层内部控制评价解释性指南》，用以解决管理层进行内控自我评估的程序、方法和标准。

3. 提高审计师审计和管理层评估的效率并降低成本一直是SEC、PCAOB、企业和审计师共同关心的问题。主要的解决途径在于改进审计/评估的方法论，同时开展专门的监督与评估活动。

SEC的主要做法是用审计准则5号取代审计准则2号，并发布管理层内部控制评估概念公告和解释性指南，强调“自上而下、风险导向”的审计/评估方法；PCAOB开展“敦促审计师提高效率并符合审计准则”的评估项目，同时SEC对PCAOB的评估项目进行监管，以评价审计师效率和PCAOB的工作。

三、对我国的启示

它山之石，可以攻玉。通过对萨班斯法案404条款各方评论和实施进展的研究，结合我国开展内部控制标准建设的现状，我们可以得到几点启示和政策建议。

1. 内部控制制度的合理性毋庸置疑，不能因为实施困难就改弦易张。

从萨班斯法案实施的情况来看，反对的焦点不是404条款本身，而是实施的执行成本过高和监管过度。在我国也面临着同样的问题，有人强调内部控制的实施不符合成本效益原则或认为不能达到防范风险的目的。这些呼声都不能作为不建立健全内部控制的借口。就我国企业的现状而言，建立现代企业制度的时间还不长，内部控制制度的推行无论是改善公司治理，还是优化业务流程、降低和防范企业风险都具有不可替代的现实意义。这对于增强大型国有企业集团的国际竞争力和提高上市公司质量具有不可替代的强基固本的作用。

从推行萨班斯法案404条款的动因来看，对于财务报告内部控制的披露有助于增强信息披露的透明度，进而保护公众利益，这对我国的上市公司和资本市场也具有同等的重要性。在上市公司中推行强制的内部控制标准是建立公开透明资本市场的需要，体现了上市公司信息披露从财务信息扩展到财务与非财务信息，从注重结果到结果与过程并重的趋势，不可因为遇到阻力而放弃。

2. 内部控制标准有效推进的关键是要降低成本，提高效率。

如何降低成本、提高效率呢？一方面要从内部控制标准、审计标准的可操作性和合理性上做文章，降低直接成本；另一方面，要正确认识长远利益和短期利益的平衡。不要仅仅着眼于付出的有形成本，还要着眼于未来的、潜在的收益，如良好企业文化的形成、完善公司治理制度的建立、业务流程的优化等等。

在技术层面，提高效率的路径在于针对内部控制体系建设、内部控制评估和内部控制审计各个环节，在开发和制定技术规范时，要充分吸收和引进先进的方法论，并考虑我国内部控制环境的特点，做到简洁、高效、实用和可操作。PCAOB 用审计准则 5 号取代审计准则 2 号的实践和 SEC 关于管理层内部控制评价概念公告和解释性指南等作法的取向，一言以蔽之就是强调采用“风险导向、自上而下”的方法论，这对于我国制定内部控制相关技术规范具有较高的参考价值。

3. 建立完备、行之有效的技术规范体系是顺利推进内部控制标准的技术保障。

自萨班斯法案出台至今，美国陆续形成了包括萨班斯法案在内的四个层次的规范体系。一是萨班斯法案本身，它是旨在保护投资者的法律，也是内部控制建设、评价和审计的法律基础；二是企业内部控制的标准——SEC 推荐使用 COSO 内部控制框架，同时针对小企业专门开发了《小企业 COSO 内部控制框架》，这是进行内部控制建设的指引，也是后期进行评价和审计的标准；三是 PCAOB 审计 2 号准则和 5 号准则，这是审计师进行审计的标准，规定了审计的方法和程序；四是 SEC 发布的管理层内部控制自我评估概念公告和解释性指南，这是企业管理层进行内部控制自我评估的指南。这样就解决了内部控制建设的法律基础和内部控制标准、审计标准、自我评估标准等各环节的技术问题。

针对我国现存的《内部会计控制基本规范和具体规范》和《企业内部控制规范——基本规范》和 17 项具体规范（征求意见稿）、《中央企业全面风险管理指引》、《上海证券交易所上市公司内部控制指引》、《深圳证券交易所上市公司内部控制指引》、《商业银行内部控制指引》、《证券公司内部控制指引》、《关于加强期货经纪公司内部控制的指导原则》等规范来看，我们需要在不同层次和不同环节建立完整的内部控制规范体系，主要包括：

（1）法律法规层面，应颁布内部控制强制标准的相关立法。以此来规范内部控制标准的制定、实施范围、效力等问题，为顺利推进奠定法律基础，同时对不同部门的有关规定进行统驭。

（2）内部控制理论框架层面，应针对我国企业经济环境和企业特点，研究类似 COSO 框架的我国内部控制理论框架模型，以指导企业内部控制的建设。同时，应适当考虑小企业和中央企业集团等特大型企业的不同特点。

（3）技术规范层面，包括制定企业内部控制自我评价的规范和制定审计师进行内部控制审计的审计准则。

4．实施过程中应区分不同公司的特点分别对待，不搞“一刀切”，这是科学的工作方法和有益经验。

SEC 的做法充分照顾了小公司和外国公司的利益，从而使得 404

条款的推行得以循序渐进，有效实施。

考虑到我国国有企业所代表的国有经济占主导、国有企业主管单位不同、特殊行业分类监管、大型企业集团和中小型企业规模相差悬殊、上市和非上市等因素，建议在我国推行企业内部控制强制标准时，应该充分考虑各类企业的特点，遵循“统一管理、分步推进、细化分类标准、设定强制执行门槛”的原则。

5. 建立长期、互动、高效的内部控制研究、实施、监管的联动工作机制，充分听取各方意见，是我国开展内部控制标准建设可以借鉴的工作经验。

在萨班斯法案 404 条款的实施中，SEC 充分考虑了各方的利益并充分听取各方的意见，主要做法包括：保持与 COSO 委员会的协调和沟通，并共同开发专门的《小企业 COSO 内部控制框架》；要求 PCAOB 修订审计准则 2 号；在实施萨班斯法案的过程中，对于每一次公告的发布、规则的制定都经历了圆桌会议制度，使各有关主体（企业界、会计职业团体、企业行业协会组织、学术界、政界等等）都参与到整个进程中。这些做法使得萨班斯法案的实施得到了社会各界的高度重视，从而使该法案的推行有了广泛的群众基础。我国在制定和实施相关内部控制标准的过程中也可以考虑建立类似的工作机制，做到兼顾各方、共同参与、定期沟通和反馈、循序渐进。

第二章

一种新的内部控制审计观
——对委托代理过程的监督机制

审计是委托代理关系的产物。只有把审计放到委托代理关系中进行考察，才能把握审计的本质，内部控制审计制度也不例外。从1721年针对英国南海事件的第一份民间独立审计报告的出现，审计制度已经运行了两个多世纪，为什么在二十一世纪内部控制审计制度会出现并得以制度化呢？这需要从经济制度的变迁出发考察委托代理关系的变化，从而解释内部控制审计制度的本质。

第一节 从委托代理关系到财务报表审计

一、委托代理关系的两个基本问题——利益冲突与信息不对称

一般认为，企业所有权和经营权的分离导致了委托代理关系的产生。在十八世纪，私人企业占主导地位，企业主即是所有者也是

经营者，所有权和经营权合二为一，不存在委托代理关系。到了十九世纪中期，社会化生产程度日益提高，产品市场不断延伸，企业规模不断扩大，这就要求企业经营者具备相当的管理知识、专业技能、市场意识和决策能力。而企业所有者并非都具备上述能力，逐渐地，企业所有者通过聘请具备上述能力的经营者来管理企业，并最终形成了将企业的经营权全部委托给外聘的经营者。于是，企业经营者的来源和组成发生了变化，涌现出了一批拥有丰富管理技能的职业经理人。他们虽然不是企业所有者，但却通过获得所有者的授权掌管着企业的经营决策，成为企业经营的实际掌控者。由此，委托代理关系得以成为最基本的经济关系。

随着股份公司制的出现，企业规模不断扩大，业务范围进一步复杂化，企业发展不断国际化，使得这种委托代理关系进一步发展。正如Bert和Means指出：随着现代公司的发展，所有权与控制权进一步分离，公司实际上已经被由职业经理所组成的经营者集团所控制①。Chandler则将这一现象称之为，经理人员资本主义的兴起和企业主资本主义的衰落②。

委托代理关系的本质就是，委托人和代理人之间通过一种契约，由委托人授予代理人从事某些活动的权利，其中包含一定的自主决策权，使其为委托人的利益服务。这种契约关系不同于一般的雇佣关系，由于委托人不再参与到企业的日常经营，委托人也很难监控到代理人的活动。

基于上述委托代理关系契约的特征，委托代理理论认为，委托代理关系存在两大基本问题，即委托人和代理人之间存在利益冲突和信息不对称。

① 何亚东、胡涛："委托代理理论述评"，《山西财经大学学报》，2002年第3期。
② ［美］德姆塞茨：《所有权、控制与企业》，经济科学出版社，1999年。

(一) 委托人和代理人之间的利益冲突问题

基于古典经济学的“经济人”假设，委托代理理论认为，委托人和代理人都是“经济人”，二者的行为目标都是为了个人效用的最大化。现代产权经济学家詹森（Jensen）和梅克林（Meckling）则指出，“委托代理关系是一种契约，在这种契约下，一个人或者更多的人（即委托人）聘用另一人（即代理人）来代表他们来履行某些职务，包括把若干决策权也托付给代理人。如果这种关系的双方当事人都是效用最大化者，就有充分的理由相信，代理人不会总以委托人的最大利益而行动”①。

在委托代理关系中，代理人如果付出更多的努力，企业就可能获得更好的经营结果，委托人就可以获取更多的利益。但问题是，委托人和代理人的利益取向是不一致的。委托人是靠最终经营结果的分享而获益，而代理人则是靠委托人支付的报酬而获益，在委托人支付的报酬和经营者的努力不能直接挂钩时，经营者未必就愿意付出更多的努力。也就是说，委托人关心结果，但代理人却不感兴趣；代理人关心付出努力后得到的报酬，委托人却不直接考量这种付出，同时对支付更多的报酬也没有直接兴趣。这就是委托人和代理人之间的利益不一致。

进一步我们发现，委托人的最终收益是企业的经营结果扣除付给代理人的代理成本之后的剩余收益，那么代理人的收益就是委托人的成本。因此，给代理人的报酬越多，委托人留给自己的剩余收益就越少。在总的经营成果不变的情况下，委托人和代理人之间的利益是相互矛盾的。即便是代理人通过努力，使得总的经营成果的增加超过了代理人报酬的增加，从委托人和代理人的利益构成来看，

① 陈郁：《所有权、控制权与激励——代理经济学文选》，上海三联书店、上海人民出版社，1998 年。

委托人和代理人之间还是存在着利益冲突。

由于委托人和代理人利益不一致和利益冲突的存在，代理人有可能滥用委托人的授权和所授予的资源，为自己谋取利益，从而产生“逆向选择”和“道德风险”等代理问题。

（二）委托人和代理人之间的信息不对称问题

委托代理关系的第二个问题是委托人和代理人之间存在信息不对称。代理人往往掌握着大量的信息，而委托人所了解的，仅仅是由代理人“过滤”后传递给委托人的信息。一般而言，委托人了解企业信息的渠道包括：通过董事会或者股东会等类似机构来参与经营决策，并了解代理人的工作情况等信息；或者仅仅通过代理人的定期报告制度，如年度盘点、财务报告等了解企业的经营情况和代理人的工作情况等信息，而不能通过实地考察了解到代理人的努力程度等等。

事实上，虽然委托人不能直接观察到代理人的工作努力程度（即便能够观察到或者推理出，也不可能被第三方证实），但代理人自己却很清楚其付出的努力水平。从理论上讲，如果委托人和代理人之间不存在利益不一致或者利益冲突，那么代理人没有必要隐瞒或者虚构不实信息。但是，由于委托人和代理人之间利益冲突的存在，代理人的报酬与其工作努力程度和经营结果相关，所以代理人就有可能只向委托人报告好的、正面的信息，甚至虚构对自己有利的经营结果信息，从而为自己谋取最大的利益。

因此，委托代理关系中信息不对称问题的存在，影响到委托代理双方当事人之间的行为，并可能加剧委托代理双方的利益冲突。

二、委托代理激励机制与委托代理监督机制

由于委托人和代理人之间利益冲突和信息不对称的存在，委托

代理理论的中心任务是研究在利益冲突和信息不对称的环境下，委托人如何设计最优契约激励代理人（Sappington，1991）[①]，使得委托人和代理人双方的利益最大化。

（一）委托代理激励机制

委托代理理论认为，在委托代理关系中委托人是风险承担者，代理人是风险规避者，甚至是风险制造者。委托人和代理人之间存在利益冲突，要克服代理人的败德行为，关键在于形成风险共担机制，让代理人也成为风险承担者。

尽管，经过30余年的发展，委托代理理论由传统的双边委托代理理论，发展出多代理人理论、共同代理理论和多任务代理理论，但笔者认为，委托代理激励机制的基本思想仍然是有效分配企业的剩余"索取权"，使代理人参与企业"剩余收益"的分享，让代理人在追求"剩余收益"的活动中，同时也增加委托人的收益，形成代理人自我约束和自我激励机制。

其中，最有激励的安排，实际上就是能使"剩余索取权"和"剩余控制权"最大限度对应的机制（张维迎，1996）[②]。

委托代理激励机制的设计主要是解决委托人和代理人之间的利益不一致和利益冲突问题。这也是当前委托代理理论研究的重点内容。

（二）委托代理监督机制

如何解决委托人和代理人之间的信息不对称呢？现有的委托代理理论研究并没引起足够的重视。信息不对称问题的解决非常重要，而解决信息不对称问题，就需要有完善的委托代理监督机制。

---

① 刘有贵、蒋年云："委托代理理论述评"，《学术界》，2006年第1期。

② 张维迎："所有制、治理结构及委托——代理关系"，《经济研究》、1996年第9期。

解决信息不对称问题的重要性，表现在：第一，委托人需要掌握受托经营企业的情况、代理人的工作努力程度以及代理人的品德等方面真实、全面的信息，并根据这些信息，作出是否授予代理人更大权利或者收回某些授权的决定。在一定的情况下，如委托经营期满时，委托人还需要根据所掌握的信息，作出是否续聘代理人或者引进新的代理人的决定。第二，委托人需要掌握真实、全面和及时的信息，对代理人的激励机制进行兑现。当给予代理人参与剩余收益分享的激励措施时，委托人就需要根据委托企业真实的经营结果信息，来兑现给代理人的激励。

如何解决信息不对称问题呢？由于委托人和代理人利益冲突的存在，显然，我们不能依赖于代理人的诚实。由于所有权和经营权两权分离的事实，委托人不可能，也不愿意事无巨细地参与到企业经营过程中，来掌握所有的信息，同时由于委托人时间、精力和专业知识的局限性，委托人也无法通过自身来获取充分的信息。所以一种可能的安排就是，建立企业内部和外部的委托代理监督机制。例如，在企业内部的委托代理监督机制中，就有监事会制度、董事会制度、审计委员会制度和独立董事制度等等。而外部的委托代理监督机制，就包括注册会计师审计制度。

由于上述委托代理监督机制的存在，一方面可以通过内部的委托代理监督机制对代理人的行为进行纠正；另一方面也可以通过外部的监督机制，即外部第三方的监督，使得委托人掌握和了解更多的、更独立客观的、甚至具有更专业判断水准的、更具决策重要性的信息，以减少信息不对称。

在委托代理关系中，为了解决委托人和代理人之间的利益冲突问题和信息不对称问题，委托代理激励机制和委托代理监督机制共同组成了委托代理机制。委托代理机制中任何一项机制的运转不正常，将影响到整个委托代理机制的运转，从而破坏委托代理关系。

三、传统委托代理监督机制与财务报表审计

在传统的委托代理机制中，为了解决委托人和代理人利益冲突问题，主要的解决机制是让代理人参与到企业“剩余收益”的分享。而为了解决信息不对称问题，传统的委托代理机制要求，代理人向委托人报告经营结果，并据此索取委托人事先承诺的一定比例的“剩余收益”。那么，对于“剩余收益”的确定，就成了一个十分关键的问题。

首先，必须要有一整套关于“剩余收益的”的概念和规定性，这就是会计产生的根源。在一系列概念、原则和规则下，代理人按照企业的经营情况，编制出一套有关“剩余收益”的报表，可能包括财务报表和经营管理报表。当代理人有了一套规则去编报这一套财务报表和经营管理报表，并定期向委托人报告的时候，解决信息不对称的系统就初具规模了。

紧接着，摆在委托人面前的问题是，代理人自己编制的有关信息是否真实、可靠呢？这就产生了一个监督的需要。因为对代理人的激励机制是参与“剩余收益”的分配，代理人有可能为了争取自己最大的收益，而出具不真实的财务报表。这正如审计史学家理查德·布朗（Richard Brown）指出，“审计的起源可追溯到与会计起源相距不远的时代”①。

因此，传统委托代理机制中的监督机制就主要是着眼于财务报表审计，对“剩余收益”的真实性、准确性进行鉴证，而对于经营管理和代理人诚实品德的要求就不是主要目的。

由于作为独立第三方的注册会计师所特有的独立性和专业性，由委托人聘请注册会计师对代理人编制的财务报表进行审计就成了

---

①　文硕：《世界审计史》，中国审计出版社，1990 年。

一个理想的选择。因此，审计学家 Watts 指出，由独立、专业和有经验的审计师代表股东的审计是降低监督成本、提高监督效率的有效途径①。由此，财务报表审计制度的合理性和生命力在传统委托代理机制中得到了充分显现，并一直延续到现在。

以上就是作为传统委托代理机制的监督机制的财务报表审计产生的最基本的解释。这种关系可以参见图 2－1。

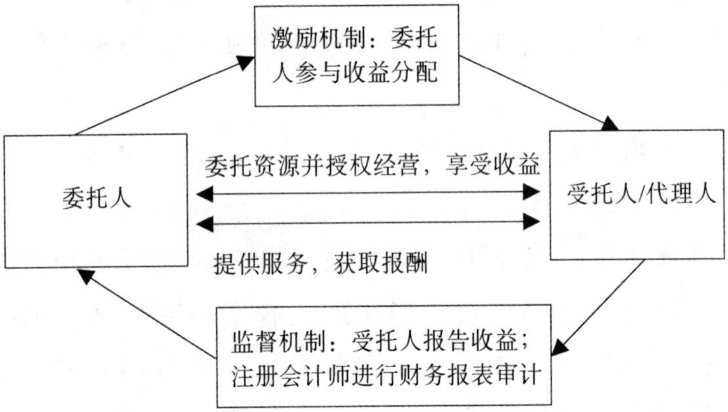

图 2－1

第二节 经济制度演变与传统委托代理机制的失灵

现代金融制度的创新、现代企业制度的创新和激励机制的创新是现代经济制度演变的重要内容，为世界经济的发展和繁荣贡献了巨大的制度红利。但我们也应该看到，这些制度创新也对委托代理关系产生了重大影响，使得委托代理双方的利益取向发生异化，从

① Watts R. L. and J. L. Zimmerman, 1986, *Positive Accounting Theory*, Prentice Hall, Englewood Cliffs.

而影响到传统委托代理机制的正常运行。

一、经济制度演变与委托方利益取向异化[①]

（一）现代金融制度创新导致的委托方利益取向异化

现代金融制度的创新，如公司股份制、资产证券化等，导致了委托方（股东）多元化和委托代理链条多极化，从而改变了委托方的利益取向。

1. 资产证券化下委托方多元化所导致的委托方利益取向异化

由于公司股份制所导致的股东多元化，可能引起股东之间利益的不一致，如大股东可能通过剥削小股东而获利。这是传统委托代理关系，如双边委托代理中所没有的情形。

我们知道，在现代资本市场中，股份公司的股东人数激增，股权高度分散。在多地上市的公司中，股东更是遍布世界各地，往往较少的股份表决权就可以控制一个公司。在这种情况下，掌握公司控制权的股东往往存在和中小股东利益不一致的情况，可能引致大股东侵占小股东利益的动机。

事实上，大股东可以通过其所控制的上市公司与其掌控的全资公司之间的关联交易，输送利润到自己的全资公司。因为其输送的利润由个人独占，而其付出的代价仅仅是其所输送利润按照上市公司股份比例的部分，也就是说，掌握控制权的股东通过剥削其他小股东的利益，使得自身利益最大化。

---

① “异化”一词来源于拉丁文，有转让、疏远，脱离等意。在德国古典哲学中被提到哲学高度。黑格尔用以说明主体与客体的分裂、对立，并提出人的异化。马克思主义哲学认为，异化是人的生产及其产品反过来统治人的一种社会现象。本书所用“异化”之意是指，委托代理各方的利益获取方式随着经济制度的变化，脱离了原来的运行轨道，并且对原来的运行机制起到反作用。

同时，在资产证券化条件下，作为委托方的股东，其利益取向往往不仅仅关注公司的股利分配利益渠道，而是更多地关注公司股价的涨跌，因此，具有控制权的股东可能通过操纵利润（虚高或者虚低），通过买卖股票而获利。而这种获利的大小和容易程度则远胜依靠公司股利分配。

2. 委托代理链条多极化所导致的委托方利益取向异化

委托代理关系多极化的存在（如在投资基金的运作中），可能导致同时作为委托方和受托方的管理者，为了兑现短期收益，更多地充当受托方的角色（如为了获取高工资报酬），而损害作为委托方的利益诉求（如要求高收益）。

譬如，当前兴起的私募股权投资基金，基金管理人既是基金投资人的受托方，又是其所投资企业的委托方。基金投资人往往不关心其资本投向哪个具体的企业，而只关心交由谁管理。基金管理人则既关注作为受托方的固定报酬，也关注作为委托方获取被投资企业股权增值的部分，即浮动报酬。这对于身兼委托人和受托人双重身份的基金管理人来说，其利益取向就多元化了。有的可能倾向于短期利益，多投资、多募资，靠做大规模，赚取管理费而获取收益；有的则可能倾向于长期收益，愿意冒更大的风险去获取被投资企业股权增值的未来收益。但这显然都不是双边委托代理中理性的委托人的行为。

当基金的投资人也是一个基金，即所谓的母基金（Fund of Funds）的时候，处于中间环节的基金管理人的利益结构就更加倾向于作为受托方的角色，委托方和受托方的角色冲突更加明显。可能出现某个环节的基金管理人根本不关注最终被投资企业的质量（往往也无法关注到），而只关注其固定报酬。这种情况下，传统的委托代理机制就很有可能因为委托代理链条的延长而失灵。

这种情况在美国次贷危机中显得非常突出。在次贷危机中，当房地美和房利美公司打包出售的资产卖给投资人的时候，作为基金管理者的基金经理，根本无法确定其最终的委托人和最终投资标的是什么。委托代理链条的延长，导致了委托代理关系的虚拟化，导致了委托方利益取向的异化。

（二）现代企业制度创新导致委托方利益取向的异化

针对企业组织形态的现代企业制度创新，如公司有限责任制和保护性破产制度的出现，导致了委托方可能通过逃避债务的形式来获利，形成所谓的“所有者掠夺”，即大股东通过剥削债权人而获利，使得委托方利益取向异化。

公司有限责任制作为现代企业制度的一大创新，意味着企业的所有者在企业亏损时不用承担全部责任。这种制度安排旨在鼓励资本去投资风险较高但又有较高社会效益的项目。与此同时，有限责任制也激励着公司经理和股东们去进行过度投机和冒险。因为股东的有限责任意味着可以把失败的风险转移给债权人。

保护性破产制度的引入旨在通过一系列保护措施，通过破产的形式来拯救具有较好前景的公司，然而，这种保护性破产制度也可能被不具有拯救价值的公司滥用，从而出现股东剥削债权人、甚至占用公共资源的情形，如动用纳税人的钱来为不具有较好前景的破产企业买单。

如美国《破产法》的第十一章，一般被视为通过“重组”来拯救有较好前景企业的工具。这是罗斯福“新政”的产物。与此相反，美国《破产法》第七章则是有关基于“清算”目的的企业破产，目的是让那些没有前景的企业倒闭。如果企业按照第七章的规定破产，那么破产法院可以指定一名托管人卖光企业的全部资产，将收益交给法院偿还负债。如果根据第十一章的规定来破产，经理们则仍可控制该企业，企业照常运转，同时重组企业还可以有权终止支付退休金，转而由政府承担其余的退休金费用，破产企业还可以停止支付债权人利息。

这样就会面临一个新的困境，即在保护性破产制度下，那些没有活力的企业也会尝试重组，以图拯救。如雷曼兄弟的破产申请就是沿用的美国《破产法》第十一章的规定。上述两种情形就是理论上的“所有者掠夺”的例子。

1993年，美国加州伯克利大学的乔治·阿克洛夫（George Akerlof）教授和罗墨（Paul Romer）教授提出了“所有者掠夺”模型。所有者是如何掠夺本企业资产的呢？阿克洛夫和罗墨借用会计恒等式建立了所有者掠夺本企业资产的一般模型①：

资产＝所有者权益＋负债＝净资产＋负债

“所有者掠夺”的基本解释是：在所有者（包括个人和母公司）只负“有限责任”的情形下，掌握公司控制权的股东，就可以通过增加负债，来扩大企业的资产规模，即运用较小的净资产来运作更多的资源。这个时候，企业所有者仅需承担与所有者权益相对应的责任；另外，由于一项投资需要经过若干会计期间，其投资才能得到补偿，那么所有者就有可能人为虚增以前会计期间的利润，并在相应的期间分配完这些虚增的会计利润，但是由于前期利润虚高的事实，在以后的会计期间，会计数据就会显示亏损。而这时有控制权的所有者可能早已卖掉了该企业的股权，拿着分回的虚增利润逃离了本企业。

由于现代企业制度中有限责任公司制是常态，所以阿克洛夫和罗墨关于上述企业“为获利而破产”或有意选择负净现值投资项目的解释得到了理论界和实务界的认同。

我国香港学者郎咸平运用“所有者掠夺”理论，在考察了东亚九国近3000家公司后指出，东亚国家的少数几个家族通过“金字塔控股结构”的形式控制了该国大部分财富。例如，在印度尼西亚和菲律宾，十大家族通过“金字塔控股结构”控制了该国股市总市值

① 崔之元：“郎咸平风波，所有者掠夺与好的市场经济”，《读书》，2004年第4期。

的50%。尤其是在股份相对分散的情况下，掌握公司控制权的股东，往往只需要少量的资金，就可以掌控一个公司，支配数倍于股东权益的资源，而这个倍数和控股股东的投资比起来则大得惊人。由于有限责任制的存在，这些家族集团往往会通过关联交易使得上市公司形成很多负收益的项目，从而将利润转移至家族所控制的独资企业。郎咸平也分析了我国以德隆和格林科尔为代表的“类家族企业”的所有者掠夺的事实。

综上所述，由于现代金融制度创新、现代企业制度创新等经济制度的变迁，导致了委托方败德行为的出现，委托方的利益取向发生了异化。这是传统委托代理关系中没有的，也是传统委托代理机制中所没有考虑到的。

二、经济制度演变与受托方利益取向异化

近年来，激励机制的创新，如给予受托方股票期权，被称为现代经济制度的一大创举。它激发了经营者的潜能，一定程度上形成了企业管理理论的新潮流，并改变了企业的组织形式，如在上市公司中风行的管理层激励计划和基于全员持股的公司模式等。这些激励机制的创新，使得受托方除了获取固定报酬和传统委托代理激励制度下的参与“剩余收益”分享之外，还有来自未来股票期权收益和股票资本利得等利益渠道，使受托方的利益取向发生了异化。

据不完全统计，截至2010年11月，我国第一批上市的28家创业板公司中，除宝德股份承诺发行前全部股东3年限售外，其他27家公司都将迎来原始股的解禁潮。这27家创业板公司当日解禁股数接近11.96亿股，而总的流通股本只有10.3亿股。以2010年9月14日的收盘价计算，届时解禁股份的市值将超过300亿元①。

---

① 王俊强：“请给高管不辞职套现的理由”，《董事会》，2010年11月。

为了尽快兑现股票增值收益，作为受托方的创业板公司高管们正忙着辞职，以规避相关的高管买卖股票的限制。据《中国经济周刊》记者的统计，从2009年10月23日创业板开板之后的3个月开始，至2010年9月期间，涉及28家公司的持股高管中辞职人数为28名，其中包括董事、副总裁和副总经理共15名，监事和财务总监共10名，董秘3名。按2010年9月14日的收盘价计算，28名高管总持股市值高达16亿元①。

在上述激励机制的诱惑下，我们很难寄希望于受托方遵循传统的委托代理激励机制，尽职尽责地经营企业，通过企业经营收益的最大化来实现委托方和受托方双方利益的最大化。

更为糟糕的情形是，在激励机制创新的驱动下，还有可能造就委托方（大股东）和受托方合谋的可能，即通过虚假信息和关联交易，使企业股票上涨，具有控股地位的委托方和受托方通过资本市场的股票交易获利。显然，这会让无法知晓真实经营情况的中小股东和债权人的利益受损。

另外，由于企业股权的分散，作为受托方的企业经营者，往往成为了“实际的控制人”，形成所谓的“内部人控制”。

这在多极委托和我国国有企业出资人不到位的情形下显得更为普遍。在这种情况下，作为受托方的企业经营者，存在为了自己的私利（如获取高额薪酬和期权）而盲目的扩大企业规模的动机，以形成企业“大而不能倒”的情形，从而绑架股东、债权人、甚至纳税人。在企业面临破产的困境下，因为“大而不倒”的情况，迫使股东注资、债权人豁免债权、国家用纳税人资金来注资或国有化。即便是在这种境地下，作为受托方的企业经营者仍能获取高额薪酬。

在前几年的华尔街金融危机中这种情况比比皆是，如接受美国

---

① 刘永刚：“公司高管纷纷辞职，机构火速离场——创业板周年之痒”，《中国经济周刊》，2010年11月。

政府注资的金融机构高管们，不顾美国民众和政府的反对，仍然拿着高额薪酬。据美国《纽约时报》报道，破产的雷曼兄弟公司CEO理查德·富尔德在1993年到2007年的总薪金高达五亿美元，而贷款人和普通投资者则损失惨重。显然，我们无法从传统委托代理机制中解释其高额薪酬的合理性。

总之，现代激励机制的创新导致了受托方在传统委托代理关系中利益取向的异化。

三、委托代理双方利益取向异化导致传统委托代理机制的失灵

在传统委托代理机制中，委托方和受托方的利益平衡是通过对受托方引入分享剩余收益的激励机制来实现的。因此，受托方只需要向委托方报告经营成果即可。为了保证经营成果报告的真实性，相应的委托代理监督机制就是，委托方聘请独立的外部审计师对委托经营结果进行监督，如开展财务报表审计。

如前所述，现代金融制度的创新，使得委托代理链条延长，委托代理层次多极化和委托方多元化，同时也使得企业规模扩大和业务复杂化，“内部人”可能控制整个企业。现代企业制度的创新，如有限责任制和保护性破产制度的引入，使得股东有可能通过剥削小股东和债权人而获利。现代金融制度和激励制度的创新，使得委托方和受托方都不再仅仅依赖于剩余收益的分享来实现利益的最大化，而更多地依赖于资本市场的股票资本利得和期权收益等。

在这种情况下，由于委托代理双方利益取向的异化，在委托代理关系中，传统的委托代理机制就无法正常运转，从而造成委托代理机制的失灵。这种失灵，在极端的情形下又会导致委托方（如通过较小股权取得公司控制权的股东）和受托方的合谋，通过损害企业、其他股东和债权人利益的方式而获得收益，从而导致企业破产，

进而引发金融危机和经济危机。

委托代理机制失灵的最基本的解释就是：无论是委托方，还是受托方，委托代理双方的利益不再仅仅依赖于最基本的委托代理关系，即仅仅依赖于企业经营而获利，而是转而依靠于剥削小股东、债权人、股票资本利得等。传统的委托代理监督机制中对财务报表的审计对委托方、受托方变得不再重要，或者成了双方利用的工具，所以，当委托代理双方利益取向发生异化的情形下，传统委托代理机制失去了正常运转的基础和土壤。

这也从一个侧面揭示了美国次贷危机、全球性经济危机，以及我国当前经济困境的根源，即由于现代经济制度的创新导致了委托代理双方利益取向异化，使得委托方利益更多地依赖于资本市场的证券化资产的价格、依赖于对中小股东和债权人利益的剥削，受托方利益更多地依赖于股票期权和股票价格，导致虚拟经济的繁荣，而委托代理双方依赖于企业诚实经营的利益取向弱化，也就是委托代理机制在实体经济的运行中失效，从而导致了实体经济的下滑，从而引发了上述危机。

第三节 一种新的内部控制审计观——对委托代理过程的监督

一、委托代理监督机制创新：修复委托代理机制的必然选择

经济制度演变导致了传统委托代理关系中委托代理双方利益取向的异化，从而使得传统委托代理机制失灵，那么，如何实现对委托代理机制失灵的修复呢？我们又需要回到委托代理关系的基本问

题，即委托方和受托方的利益冲突和信息不对称问题。

关于委托方和受托方利益冲突问题，通常的解决方案就是建立激励机制。前面的研究表明，传统委托代理机制失灵的直接原因是委托代理双方利益取向发生了异化。而委托代理双方利益取向异化的直接原因是包含现代金融制度创新、现代企业制度创新和现代激励机制创新在内的现代经济制度变迁。显然，委托代理双方利益取向的异化比委托代理双方利益冲突更加复杂，但可以肯定的是，这种委托代理双方利益取向的异化是激励过渡的一种表现，也表明了在激励制度创新的过程中，相应的监督机制没有配套，从而导致了委托代理双方利益取向的泛滥。

那么，我们能否通过调整委托代理激励机制来修复这种委托代理机制呢？从现代经济制度变迁的基本逻辑看，股份公司制、资产证券化、公司有限责任制、保护性破产制度、股票期权激励等制度是有效聚合社会资本，优化包括人力资本在内的资源配置效率，鼓励创新和技术进步的有效手段。这些制度创新已经给世界经济的发展带来了巨大的制度红利，也将继续推动社会经济的发展，不可以因为在发展中所诱发的新问题就退回去，不进行制度创新。因此，否定上述制度创新是不现实，也是逆社会发展潮流的。所以，我们无须通过否定或者再设计新的激励机制来解决传统委托代理机制的失灵。

当然，我们可以通过对上述委托代理激励机制中某些具体的运行制度的不合理成分进行纠错，使得这些激励机制正常运转。这和否定上述现代经济制度创新而因噎废食，是两个不同的概念。那么，委托代理监督机制是否可以调整呢？答案是肯定的，而且是必然的。

我们先来分析在委托代理双方利益取向发生异化时，传统委托代理监督机制的失效。传统委托代理监督机制是对委托代理结果的监督，因此当委托代理双方利益取向异化导致委托方或代理方的败德行为出现，造成企业经营失败或者破产等情形时，我们也只能是事后对委托代理关系进行调整，而此时，相应的后果已经产生。因此，传统的对委托代理结果的监督机制，在委托代理双方利益取向异化的情形下，就不能发挥监督的作用。

所以，当企业丑闻不断发生，作为企业委托方的投资者、受托方的经营者、社会各界和监管机构纷纷意识到，仅仅依靠对委托代理结果的监督，无法解决信息不对称的问题，无法及时发现委托代理过程中的非理性行为。事实上，由于委托代理双方利益取向的异化，委托方和受托方有可能在企业经营过程中通过非理性行为而获利，所以就必须对委托代理监督机制创新。

因此，通过对委托代理关系的考察，监管部门和会计职业界都意识到，在委托代理双方利益取向异化的情形下，委托代理机制失灵的实质就是激励机制创新以后，监督机制没有创新。如前所述，在我们不能调整激励机制的情况下，修复由于委托代理双方利益取向异化所导致的委托代理机制的失灵，就只能依靠委托代理监督机制的创新。

二、内部控制审计是对委托代理过程的监督机制

（一）增加对委托代理过程的监督，开展内部控制审计

从理论上讲，对委托代理关系的监督，可以划分为两个层次：一是对委托代理结果的监督，使委托方和受托方就最终的委托代理结果的信息达成一致。在这种情况下，受托方对委托结果负责，受托方只需要向委托方报告经过外部审计师审计的委托代理结果即可。委托方也只需要委托外部审计师开展对委托代理结果的审计，如财务报表审计。二是对委托代理结果监督的同时，还对委托代理过程进行监督，减少委托代理过程信息的不对称，并据此作为激励安排的一个考核因素。在这种情况下，受托方除了对委托代理结果负责

外，还需要对委托代理过程负责。受托方既需要向委托方报告经过外部审计师审计的委托代理结果，还需要向委托方报告委托代理过程的信息。

在什么情况下，需要对委托代理结果进行监督？在什么情况下需要同时对委托代理结果和委托代理过程进行监督呢？委托代理监督机制作为委托代理机制的组成部分，这显然取决于委托代理关系中委托代理激励机制的设计，以及委托代理关系所赖以存在的经济环境。

传统委托代理关系中，委托代理机制的主要内容包括：第一，委托双方直接达成委托代理契约，委托代理层级简单，委托受托双方职责明确；第二，委托受托双方利益结构清晰，即委托方依托受托方的经营成果而享受企业利润，而受托方则按照事先约定的报酬获取工资或者加上一定比例的红利；第三，在股份制公司出现之前，企业股权交易不活跃，企业价值不以企业股票价格作为参考而是企业实体经营的利益等。那么，解决上述委托代理机制中的信息不对称问题，仅仅通过对委托代理结果进行监督就可以实现。因此，在传统委托代理机制中，没有必要对委托代理过程进行监督，而仅仅需要对委托代理结果进行监督。

当委托代理双方利益取向发生异化时，委托代理监督机制就必须增加对委托代理过程的监督，开展内部控制审计，以修复传统委托代理机制的失灵。增加对委托代理过程的监督，开展内部控制审计可以达到监督委托双方的目的。

对委托方而言，对委托代理过程的监督，既有助于委托方对受托方诚实经营过程有一个全盘的掌握，而不仅仅是看到最终结果；也有助于委托方获得更多的知情权，在必要的时候做出决策，收回委托给受托方的某些权限；或参与其中，实现对经营过程中的风险控制，避免企业破产、舞弊等事件的发生。另一方面，也是对委托方败德行为的监督。这可以通过对委托方参与公司治理、进行公司决策行为的监督，来减少和防范具有支配地位的大股东剥削小股东、债权人的行为，从而达到规范和修复委托代理关系的目的。

对于受托方而言，由于受托方需要对委托方报告委托代理过程的信息，这样对受托方有一个震慑作用，有助于受托方在一个公开透明的环境下行使管理权限。同时，受托方通过报告委托代理过程，也会不断优化企业经营流程，从而使得企业的经营效率和合规性得到提高。

综上，作为委托代理监督机制的创新，在对委托代理结果监督的基础上，增加对委托代理过程的监督，这就是本书所提出的一种新的内部控制审计观。增加内部控制审计后的委托代理机制可参见图 2－2。

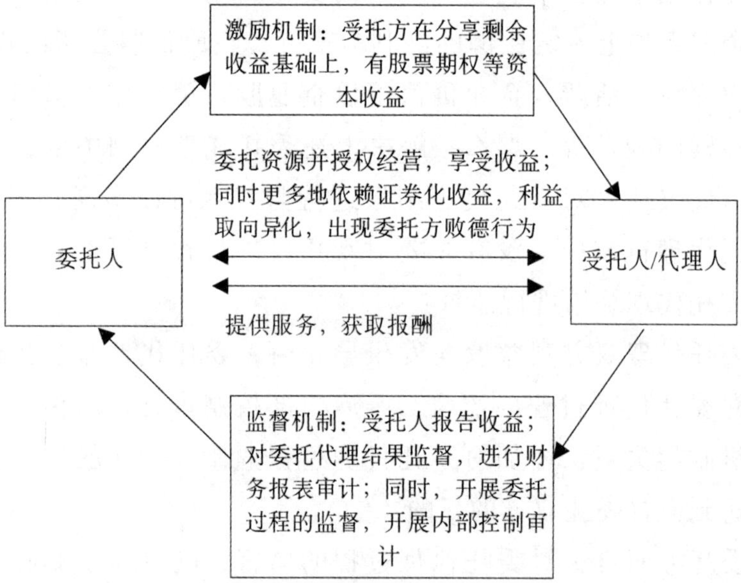

图 2－2

（二）由注册会计师对委托代理过程进行监督的优势

由注册会计师开展内部控制审计，实现对委托代理过程监督的优势在于：

第一，无论是由委托方还是受托方中的哪一方来提供一个委托代理过程的报告，都不会使对方都满意。所以独立、客观的第三方成为一个理想选择。特别是，随着企业规模扩大，委托人的多元化导致了委托方之间的利益冲突。各种各样的委托人归属于不同的利益集团，也导致了报告信息的多样化和复杂化，而一个经过外部审计师审计的通用化的内部控制审计报告成了一种必然和现实选择。

第二，由于企业规模的扩大化、经营业务的多元化，使得委托代理过程信息复杂化，这种复杂化的结果就是无论委托方还是受托方的任何一方都不具备相应的专业能力来对委托代理过程进行全面评判。因此，具备专业素养和训练的外部审计师成为首选。

第三，由于对委托代理过程的评判是一个价值判断过程，这种判断涉及企业外部机构，如法院、技术评估机构、律师、行业协会等组织和个人的协助。这种频繁的、多方位的外部协作，也使得无论是委托方、还是受托方都有来自于物理的、法律的和经济的障碍。但如果交由专门从事审计鉴证工作的审计师来完成，则变得非常简单。

当然，利用第三方进行内部控制审计鉴证是需要支付成本的，这种审计是否具有成本效益性呢？按照审计的基本原理，内部控制审计的成本效益性有两种解释：一是委托人能够调整委托代理成本，如工资和其他监督成本等方式来弥补。由于外部审计可以防御委托方和受托方的道德风险，因此双方都愿意负担审计费用。二是借助 Wallace 教授的“合理期待”概念，即从长远来看，对委托代理过程监督的内部控制审计制度有助于防范错误，从而弥补审计成本的支出。

（三）对财务报告内部控制审计制度定位的评价

在现行的制度安排中，美国证监会和 PCAOB 将内部控制审计制度定位于财务报告内部控制审计，要求审计师对财务报告内部控制进行审计并发表审计意见。我国的《企业内部控制基本规范》和《内部控制审计指引》则要求注册会计师对内部控制进行审计，但仅要求对财务报告内部控制的有效性发表审计意见，并对发现的非财务报告内部控制重大缺陷，在内部控制审计报告中增加“非财务报告内部控制重大缺陷描述段”予以披露。

笔者认为，把内部控制审计制度定位于财务报告内部控制审计，没有从本质上把握内部控制审计是对委托代理过程进行监督的本质，是一种委托代理监督机制的创新。

如果仅仅着眼于财务报告内部控制，这种内部控制审计的制度安排将无助于解决由于现代金融制度创新、现代企业制度创新和激励机制创新所引致的传统委托代理机制的失灵。而仅仅是，在现有审计制度基础上对财务报表审计进行补充，即对委托代理结果监督机制（财务报表审计）可信度的再保证。通过前面的分析，如果不对委托代理过程进行监督，即开展内部控制审计，仍然达不到修复传统委托代理机制失灵的目的。

通过对财务报告内部控制审计制度定位的考察，当前的财务报告内部控制审计制度定位评价如下：

1. 从财务报告内部控制审计制度确立的原因来看，财务报告内部控制审计制度安排是一个权宜之计。

考察美国和我国财务报告内部控制审计制度形成的原因，大致可以分为两个方面：

一是从成本和效率方面的考虑。有学者认为（张龙平 2005、陈作习 2005、谢晓燕 2009 等），审计制度安排需要遵循成本效益原则，如果对企业内部控制开展全面审计，这将使得审计的工作量大大增加，占用大量的审计资源。对于审计客户而言，如果开展全面的内部控制审计，将意味着在以往的财务报表审计之外的领域，需要给予额外的费用以及工作上的配合，这对于审计客户而言是一项新增的费用。对于审计师而言，由于审计资源的大量增加而得不到相应的补偿，所以从审计师角度来说也是不经济的。所以，无论是美国还是我国的相关监管机构、学者大多把内部控制审计定位于财务报告内部控制审计。

二是从审计供给能力和法律责任方面的考虑。把内部控制审计局限于财务报告内部控制的另外一个原因就是，审计师还暂不具备开展全面内部控制审计的胜任能力。持这种观点学者主要有李爽、吴溪（2003）、刘明辉（2008）等。他们认为，由于内部控制审计所需要的专业知识结构、技能和经验都非常高，而从我国注册会计师的专业胜任能力来看，还不具备开展全面内部控制审计的能力。同时考虑到内部控制审计报告的法律责任，暂时把内部控制审计定位于财务报告内部控制审计是恰当的。

也有学者（如韩丽荣等，2010）试图从内部控制审计需求和内部控制信息本身不具备公共产品性质的角度来论证财务报告内部控制审计的合理性。如韩丽荣等（2010）认为，美国证监会和美国上市公司会计监管委员会对于内部控制审计的要求很明确，就是财务报告内部控制审计。据此理解为，社会各界对于内部控制审计的需求也就是要求对财务报告内部控制的可靠性进行审计。同时还指出，由于非财务报告内部控制信息本身具有私有性，不具备公共产品性质，因此不需要对非财务报告内部控制信息进行审计，据此认为内部控制审计应该定位于财务报告内部控制审计。

笔者认为，这是对萨班斯法案的误读，错误地把监管机构的做法当成了审计的社会需求。从萨班斯法案保护投资者利益的初衷来看，社会各界对于委托代理机制的失灵已经是怒火中烧，强烈要求出台相关措施来重塑委托代理信任关系。社会的需求正是要求开展对于委托代理过程的监督，即开展内部控制审计，而不仅仅是财务报告内部控制审计。

同样，对非财务报告内部控制信息不具备公共产品性质，而只有财务报告内部控制信息具有公共产品性质的说法本身就是一个错误的命题。我们知道只要是企业的信息，无论是财务信息还是非财务信息本身都具有私有性，是否需要审计并对外界披露，完全取决于监督机制的安排和实现的可能性，即审计需求和审计供给能力的均衡。

毫无疑问，我们不能因为审计成本的原因、审计师胜任能力的原因就否定内部控制审计制度的必要性和合理性。内部控制审计制度就是通过对于委托代理过程的监督，从而修复传统委托代理机制的失灵。

总之，当前美国和我国把内部控制审计制度安排定位于财务报告内部控制审计，仅仅是一个权宜之计。

值得一提的是，在我国的《内部控制审计指引》中，已经明确地提出，在进行财务报告内部控制审计的同时，需要对发现的非财务报告内部控制的重大缺陷，使用“非财务报告内部控制重大缺陷描述段”的形式，在内部控制审计报告中进行披露。这既反映了监管方把内部控制审计定位于财务报告内部控制审计的无奈，也反映了对内部控制审计制度应该着眼于全面内部控制的心知肚明。

2. 从财务报告内部控制审计制度的实现逻辑来看，财务报告内部控制审计制度是一个“空中楼阁”，无法落地。

首先，财务报告相关的内部控制无法完全从内部控制中独立分离出来。从理论上讲，任何内部控制制度的安排都具有财务影响，只是这种影响直接或者间接、在当期或在以后各个会计期间反映在财务报表上。从实务中来看，审计师无法区别财务报告内部控制与非财务报告内部控制。习惯的做法是，对企业的内部控制环境进行分析，同时对企业重要的业务流程，如采购、销售、生产、人力、合同、法律、投融资等环节的内部控制进行分析，这种做法并没有区分财务报告内部控制还是非财务报告内部控制。实际上，要区分也是不可能的。例如，很难认定一个企业和外界签订的环境保护合同，或者企业和个人签订的劳动合同，是一个财务报告内部控制还是非财务报告内部控制。

我国学者白华、高立（2010）在《会计研究》撰文指出，美国证监会（SEC）在《最终规则》中所提出的财务报告内部控制是内部控制子集的观点，如果仅从字面意义上来看，这句话并没有错！但存在的问题是，财务报告内部控制子集具有特殊性，它与内部控制集合中的其他子集交织在一起的，无法分离。因此，财务报告内部控制无法从内部控制系统中分离出来而独立存在，因而其边界就无法确定。据此认为，围绕着财务报告内部控制的相关研究陷入了一个为根本不能独立存在的系统寻找独立存在依据的尴尬境地。

其次，如果按照财务报告内部控制审计的制度定位，无法实现对委托代理过程的监督，进而实现对传统委托代理机制失灵的修复。

张艳、钟文胜（2011）研究发现，按照美国关于财务报告内部控制审计制度的安排，如果把内部控制审计定位于通过财务报告内部控制审计，对财务报告内部控制的有效性进行鉴证，并继而提高财务报告的可靠性，那么这种制度安排的本质是通过内部控制审计防范财务报告舞弊，以此来确保财务报告的可靠性，这和财务报告审计目的相同。这样就掉进了重复审计和循环论证的怪圈。从财务报告内部控制审计的信息增量来说，充其量是相同的主体对相同的目标（财务报告可靠性）提供了双重证明，对投资者而言毫无意义，也许还会引发困惑。

从财务报告内部控制审计的实现逻辑来看，要想单独对财务报告内部控制进行审计是无法实现的。财务报告内部控制审计的制度定位没有反映通过内部控制审计来监督委托代理过程的内在逻辑，无助于改善委托代理机制的失灵。

第四节 内部控制审计的审计学属性

一、内部控制审计是一种外向型管理审计

前面我们从委托代理关系出发，揭示了内部控制审计是委托代理监督机制的创新，是对委托代理过程的监督。那么从审计学本质来看，内部控制审计是一种什么性质的审计呢？对这个问题的回答将直接影响到内部控制审计的目标定位。

（一）有关外向型管理审计的观点

一般而言，按照审计对象来分，审计可以分为财务审计与管理审计，其中管理审计又分为内向型管理审计和外向型管理审计①。

审计学者王光远认为，依照审计和受托责任的关系，内向型管理审计是服务于组织内部管理当局（或内部利害关系人）的，是服务于受托人的管理审计，一般理解为企业管理层自行组织的对管理的审计，是一种内部审计，其职能重在建设。外向型管理审计是服务于组织外部利害关系人的，是服务于委托人的管理审计。一般认为，外向型管理审计是委托外部注册会计师对企业的管理情况进行审计，其职能重在批判。

具体而言，外向型管理审计是指由独立的注册会计师，对组织权责分配、经营过程、资金状况、盈利能力等方面的分析评价，按照事先约定的范围和标准，对组织的管理业绩与管理活动的恰当性

① 王光远：《受托责任与管理审计》，中国时代经济出版社，2004 年。

发表批判性意见并对外报告。

王光远在《会计大典——审计学》(1999)一书中指出，从审计的本质意义来看，外向型管理审计才是真正意义上的管理审计。这一点得到了许多会计大师的认同。如约翰·伯顿就主张，管理审计不应该视为是内部审计，而应视为是外部审计[①]。

综上所述，外向型管理审计旨在加强委托人和受托人之间的相互信任，从而达到资源优化利用，提高管理效率。

（二）作为对委托代理过程监督的内部控制审计本质上是外向型管理审计

按照前面的讨论，内部控制审计制度是对委托代理过程的监督，那么毫无疑问，本书所研究的内部控制审计本质上就是一种外向型管理审计。

首先，从内部控制审计的产生来看，内部控制审计服务于委托人，因而具有外向型。前文我们从委托代理理论分析了，内部控制审计作为对委托代理过程的一种监督机制，是由委托人委托独立的注册会计师开展的外部审计。外部审计的优势在于外部注册会计师作为一个独立的第三方，具有不偏不倚的中立性。这样的话，就会很好地解决由于现代金融制度创新、现代企业制度创新以及激励制度创新所引致的传统委托代理机制的失灵问题。这样达到了既服务于委托方的监督功能，又有解除受托方受托管理责任的效果。

其次，从内部控制审计的对象来看，内部控制审计是对委托代理过程的审计，而委托代理过程显然属于企业管理的范畴，因而具有管理审计的特征。

再次，从内部控制审计的功能来看，内部控制审计是由外部审计师出具正式的法定鉴证意见，是对委托代理过程有效性的监督，

---

① 王光远：《会计大典——审计学（第十卷）》，中国财政经济出版社，1999年。

因而具有批判性。基于内部控制审计具有的批判性，它能够通过对委托代理过程的监督，加强对委托人和受托人之间的互信，实现对传统委托代理机制失灵问题的修复。

综上，作为委托代理过程监督机制的内部控制审计是一种外向型管理审计。正如著名审计学家钱伯斯（Andrew D Chambers）指出，“各种受托经济责任，包括社会的、道德的、技术的等等，只有在某种审计活动方式存在时才能存在[①]”，对委托代理过程进行监督的内部控制审计，正是强化受托方受托管理责任的一种具体形式。由注册会计师从事内部控制审计，符合现代审计模式从注重委托代理结果到对委托代理过程与委托代理结果并重的发展趋势。

二、内部控制审计作为一种外向型管理审计的可行性

在审计理论发展过程中，把注册会计师的审计职能扩展到管理审计的做法，长期以来存在着各种争议。那么，本书所研究的对委托代理过程进行监督的内部控制审计，是否具备可行性呢？笔者的观点是肯定的。一般而言，反对将注册会计师鉴证职能扩展到管理领域的理由主要集中在审计标准、审计对象、独立性和专业胜任能力等方面。将从这四个方面来论证内部控制审计作为外向型管理审计的可行性。

第一，关于内部控制审计的标准。反对将注册会计师鉴证职能扩大到审计领域的代表人物科琳·诺加德认为，由于对管理进行审计“缺少评价管理效率的法定的、公认的、客观的计量标准[②]”，所以不支持由注册会计师开展管理审计。

作为对委托代理过程监督的内部控制审计，主要是评价内部控

① 刘明辉：《高级审计研究》，东北财经大学出版社，2011 年。

② 王光远：《会计大典——审计学，第十卷》，中国财政经济出版社，1999 年。

制的效率，而对内部控制效率的评价，随着内部控制理论的完善以及管理评估体系的完善，这已不成为一个问题。正如，美国管理协会指出的一样，该协会从20世纪50年代起就开始探索建立管理评价标准。时至今日，这一问题在管理咨询师从事的管理审计中得到了较好的解决，对内部控制效率性的评价也不例外。

同时，从内部控制审计实务来看，开始内部控制审计时，审计师需要先对将要评价的特定行为的是非标准，与委托方、受托方达成共识。由于行为标准是经过当事各方达成共识（表现为程序的合法性和合理性），并事前制定的，这样就能保证当事人接受审计师根据事先约定的标准所作出的评价。这既是管理审计的特性，也是内部控制审计标准确定的必要路径。

第二，关于内部控制的体系与范围问题。正如科琳·诺加德所担心的一样，“扩大到管理审查范围的内容未包括在现行的财务体系之内，那么管理审计应该扩展到何种程度呢？[①]”这个问题随着一系列内部控制标准的出台，已经得到了很好的解决。正如美国证监会和 PCAOB 推荐上市公司采用 COSO 内部控制标准，我国则要求采用《企业内部控制基本规范》和配套指引一样，对于内部控制体系的范围和规定性是确定的，而不是不成体系的。

第三，开展内部控制审计的审计独立性问题。很多反对将注册会计师鉴证职能扩展到管理审计的学者认为，为了保持客户对注册会计师和会计公司的好感，注册会计师一般缺乏开展管理审计的动力，主要原因是怕因此影响和客户的关系，丢失现有的审计客户。

作为对委托代理过程监督的内部控制审计，其根本动因来自于委托人对委托代理过程监督的需要。因此，从委托方来讲，注册会计师开展内部控制审计完全不会影响到注册会计师和现有客户之间

① 刘明辉：《高级会计研究》，东北财经大学出版社，2011年。

的关系。同时，从注册会计师的职业特征来讲，良好的道德水准是独立性的重要保障。因此，对内部控制的审计，不仅不会损害已建立起来的与客户的良好关系，同时内部控制的审计将有助于审计师了解被审计客户的经营情况，并提出建设性的意见，还更有利于注册会计师向客户推销自己。

第四，关于注册会计师的专业胜任能力问题。反对将注册会计师鉴证职能扩展到管理审计的一个理由就是：一方面，对管理进行审计超出了注册会计师的业务能力和专业知识；另一方面，在管理审计中，由于涉及对委托方行为和人格的评价，审计师有很大的心理负担。笔者认为，基于内部控制的系统性和有关标准的形成，注册会计师的知识结构和专业经验都有了显著提高，对内部控制鉴证的知识积累已经比较成熟。至于审计师对于内部控制审计的恐惧，主要是来自于对内部控制审计法律责任方面。因此，只要在相应的制度安排中适当地考虑内部控制审计的特殊性，降低或者减轻注册会计师从事内部控制审计的法律责任，以鼓励注册会计师从事内部控制审计，则这种恐惧就会消失，从而有利于内部控制审计的发展。

综上所述，作为对委托代理过程监督的内部控制审计，虽然同样面临着外向型管理审计的挑战和质疑。但随着管理审计理论的日臻成熟和相关技术规范的发展（如内部控制标准），以及注册会计师职业道德水准和专业胜任能力的提升，内部控制审计已变得切实可行。

第五节
内部控制审计制度化的合理性[①]

一、对内部控制进行审计并向社会披露的合理性

如前所述，为了修复委托代理机制的失灵而引入对委托代理过程的监督机制，即内部控制审计制度。这会导致另外一个问题，即内部控制作为一个企业内部的契约关系和制度安排，能否由第三方独立审计并向社会披露呢？笔者认为，对内部控制审计并向社会披露的合理性，可以从企业社会责任理论得到解释。

（一）企业社会责任理论基本观点

企业社会责任理论经历了一个不断发展的过程，主要围绕着以下三个方面：第一，企业到底要不要承担社会责任，即企业除了为股东赚取利润之外，还有没有服务社会的功能；第二，企业在多大程度上承担社会责任，如产品质量提高、环保、公益、慈善事业等；第三，到底由谁来承担社会责任，是股东，企业家还是全体员工？

支持企业社会责任的主要理由：一是认为“权力带来责任”；二是认为企业的“外部性”带来责任；三是认为企业履行社会责任有助于提高企业形象，从而提高获取利润能力，也就是“胡萝卜加大

① 本书所称内部控制审计制度化的含义是指，通过法律形式或者政府行政规章的形式要求企业实施内部控制审计并向社会披露内部控制审计信息，从而把内部控制审计纳入经济制度体系。内部控制审计制度本身的合理性已经在前面的章节得以解释，即内部控制审计是委托代理监督机制的创新，是对委托代理过程的监督。

棒”的利己行为[①]。

反对企业社会责任的主要理由则在于企业作为市场经济的细胞，只需要考虑为股东赚取利润，否则会破坏自由风气[②]。

（二）内部控制“外部性”导致的企业社会责任及责任的解除

企业的内部控制虽然是企业内部的契约或者制度，但由于这种制度的“外部性”，使得企业具有社会责任，而这种社会责任，企业有义务向社会披露内部控制信息。按此理解，企业的内部控制不再是一个企业内部的制度，而是关乎社会公众利益的契约，具有“外部性”。

经济学上的“外部性”是指社会成员（包括组织和个人）从事经济活动时，其成本与后果不完全由该行为人承担。“外部性”可以分为外部经济与外部不经济两种。外部经济就是，当某人或某企业的经济活动可以给社会上其他成员带来好处，而受益者则无须付出代价，导致这种好处的个人和组织却得不到补偿。外部不经济就是，某人或者某企业的经济活动可以给社会上其他人带来损害，但该人或该企业却不必为这种损害承担责任。

为什么企业的内部控制具有外部性呢？主要存在以下两个渠道：第一个渠道是直接通过企业的市场交易行为实现，涉及供应商、客户和员工等。这主要体现在供货价格、销售价格以及由员工工资所决定的消费能力等。也就是说，企业内部控制通过企业的交易渠道

---

① 企业社会责任起源可以追溯到古希腊时期到重商主义的中世纪，当时商人的社会地位卑微，企业社会责任主要是从商人的伦理道德来约束。随着 20 世纪 20—30 年代美国经济大萧条的出现，现代企业社会责任理论兴起，更多公司认识到“权力带来责任”，慈善和管家原则开始在美国工商界得到普遍接受。也认识到，如果企业不接受政府就会强迫其接受。同时，企业家也认为承担更多的社会责任可以提高企业盈利能力，因此称之为“胡萝卜加大棒”的企业社会责任理论。

② 反对企业社会责任的焦点在于企业的定位是经济组织还是社会组织，其目标是利润最大化还是承担社会责任。由此引发了对于企业组织性质的不同理解。

直接和外界发生关系，产生了外部影响。第二个渠道是间接地通过企业的经济、环境、税收、社会和环保等影响来实现，涉及竞争对手和行业盈利水平、环保条件、交通状况和税收政策等等。这也容易从经济学“外部性”概念得到解释。

例如，内部控制虽由某一个企业来实施，在建设过程中所需的成本由具体的某个企业承担。这种成本包括进行新的组织结构和作业流程设计而雇佣人员以及其他措施的成本等，而社会几乎不需要付出成本。但内部控制的受益者却不仅仅是企业自身，还有企业的上下游客户、供应商、投资者、外部监管者等相关各方。可见，好的内部控制不仅仅会产生私人收益（企业自身收益），而且还会产生一定正的外部效应，也就是说内部控制的社会收益大于私人收益。反之，没有内部控制或者无效的内部控制也会带来负的外部效应。由此看出，内部控制具有“外部性”。

由于企业内部控制“外部性”的存在，使得企业具有社会责任。这种责任表现在：企业在维护投资人、债权人、经营者、员工利益同时，还要承担对消费者、社区、环境、税收等责任，包括遵守商业道德、确保生产安全与职业健康、保护劳动者合法权益、保护环境、支持慈善事业、捐助社会公益和保护弱势群体等等。那么，要解除企业内部控制“外部性”所致的企业社会责任，企业就有向社会披露其内部控制信息的责任。

如何确保这种内部控制信息披露的准确性，做到不偏不倚，不夸大也不缩小，就产生了对内部控制信息审计的需要。内部控制信息作为一种公共信息，不能仅仅依靠企业单方面报告，而必须借助于一个独立的第三方，既外部审计师，来对企业内部控制信息进行审计鉴证。这就是企业内部控制审计制度的企业社会责任理论解释。

二、政府强制性实施内部控制审计制度的合理性

内部控制审计制度的产生经过了一个否定之否定过程，最终都是以政府强制性法规的形式得以确立。在这个过程中，内部控制审计经过了自愿披露和政府强制披露博弈过程。如何解释内部控制审计制度的这种政府强制性制度变迁特性呢？将从制度变迁理论中寻找答案。通过理解内部控制审计制度的政府强制性制度变迁的合理性，可以正确认识内部控制审计实施过程中政府监管部门的作用。

（一）制度变迁的基本理论

制度经济学家诺斯是制度变迁理论的奠基人，他在《制度、制度变迁与经济绩效》（1994）专著中指出，制度变迁是一个复杂的过程[①]。诺斯认为，制度变迁的路径有两个决定因素：一是制度与组织的共生关系；二是人类对制度变迁的认识和反馈。在制度变迁中，制度本身和制度所采用的技术共同决定了生产总成本和转换成本，从而决定了制度的市场有效性。

日本学者青木昌彦发展了制度变迁的理论，认为制度变迁是一种博弈均衡[②]。在制度的博弈过程中，每个参与人行动决策取决于别人的决策。在长期的重复博弈中参与者会积累形成一定的经验，这些经验的强化形成自己的信念，而这个信念就决定自己在不同状态下的行动规则。当所有参与者的信念和行动规则一致时，就达到了纳什均衡状态。在纳什均衡下，只要参与者对他人行动规则的信念是固定的，那么偏离自己的行动规则就是不合算的。这种行动规则

① ［美］道格拉斯·C. 诺斯著，杭行译：《制度、制度变迁与经济绩效》，第1版，上海三联书店，上海人民出版社，1994年。

② ［日］青木昌彦著，周黎安译：《比较制度分析》，第1版，上海远东出版社，2001年。

的固定化就是制度形成的过程，制度就是有参与者共享的那部分均衡信念。均衡信念反过来也会影响参与人新的策略选择，而基于共有信念所做出的新的策略选择又将共同形成新的均衡，即新的制度。于是，制度变迁得以在不断的博弈过程中达到均衡。

（二）对美国内部控制审计制度变迁的博弈过程分析

按照制度变迁理论，内部控制审计制度的产生是一个企业自愿披露和政府强制披露博弈的均衡结果，其中博弈的各方力量主要包括企业界、会计审计职业界、投资者和其他利益相关者。美国内部控制审计制度的变迁就是一个典型的例子。

在 1978 年美国《反海外贿赂法案》出台之前，内部控制审计还停留在以企业自愿披露为主的内部控制检查阶段。这一阶段对于内部控制的检查或者评价，主要是来自审计师的需要，也主要是从工作效率方面来考虑。其基本逻辑是良好的内部控制有助于财务报告的准确完整，因此作为一种审计程序，内部控制检查开始受到审计师的重视。企业也是自愿地向投资者披露其内部控制的检查情况。这一阶段关于内部控制检查制度安排的博弈，主要是来自企业和审计职业团体关于成本和效率的考虑。

在 1978 年至 2002 年之间，美国开展内部控制审核阶段，是否需要披露内部控制审计信息成为各方博弈的焦点。其中最著名的就是，1987 年美国科恩委员会报告建议，美国证监会要求上市公司披露内部控制信息并由审计师进行审计。但是，出于企业成本和利益方面考虑而遭到企业反对，最终以失败告终。随后 1991 年的《联邦储蓄保险公司改善法》，要求保险机构在上报给监管机构的年度报告中披露内部控制信息，并由审计师审计，这虽然没有导致内部控制审计制度的全面推行，但给世人展示了内部控制审计制度的可行性。

无疑在这个阶段的博弈中，并未形成一个压倒性的意见。但可喜的是，内部控制审计制度安排得到了部分市场人士的认可。这也从另一个侧面反映出，由内部控制审计制度缺失所导致的问题，还没有到达难以调和的地步。

美国安然事件等企业破产丑闻发生以后，2002 年美国萨班斯法案出台使得对内部控制审计制度合理性的争论变得毫无意义。自此，进入了内部控制审计强制披露阶段，这一次是直接通过政府强制性法规的形式，确立了内部控制审计制度。这反映了在这个阶段关于内部控制审计制度支持力量的积累，最终达到了出台内部控制审计制度的博弈均衡。

（三）内部控制审计的政府强制性制度变迁的合理性

政府强制性实施内部控制审计制度具有其合理性。内部控制审计制度安排的政府强制性制度变迁特征，一方面反映了内部控制审计报告具有政府公共资源的特性，另一方面也反映了政府强制性制度变迁的效率性。

第一，内部控制审计报告具有政府公共资源的特性，因此内部控制审计制度出台往往带有政府强制性制度变迁的特征。从经济学来说，内部控制审计报告是一种公共资源，对内部控制审计报告的消费不需要支付任何代价，就可以获取收益，而且不会影响其他人对它的消费。这种内部控制审计报告的公共资源特性，大大减少了内部控制信息生产的不足，保证所有人都有机会公平地获取内部控制及内部控制审计信息。

同时，根据“合理期待”理论，经营者出于获取资金或者受到褒奖的动机，也将接受内部控制审计视为增加了经营者解除受托责任过程可信度的工具，那些不接受内部控制审计的企业估值将下降，经营者的薪酬也将下降，这起到了传递市场信息的功能。因此，无论是内部控制信息的产生还是保证经营者解除受托责任过程的可信度，内部控制审计制度化的政府强制性披露特征，由于得到了政府信用的“背书”，而具有公共资源的经济性，比较自愿披露而言，更具经济性。

第二，具有政府强制性制度变迁特征的内部控制审计制度，由于政府的强制性要求，其实施和推广也是最有效率的。

按照制度变迁理论，制度变迁是需要成本的。由政府强制推动的制度变迁，往往是最有效率的。其效率的来源在于政府强大的“暴力潜能”[①] 所产生了巨大的效益，而制度变迁的组织成本和服从成本都由政府买单。

在美国和我国的内部控制审计制度的形成和实施推进过程中，毫无疑问，政府是第一行动集团，是推动内部控制审计制度形成和实施的主力军。这种强制性制度变迁在一定程度上满足了政府部门的强制性监管需求。而政府监管部门对内部控制信息披露的强制监管，也能在一定程度上缓解内部控制信息的供需矛盾，降低市场信息的不对称，从而保证了制度变迁的高效率。这也是诱导性制度变迁所不具备的优势。

本章小结

本章小结如下：

1. 内部控制审计制度确立的根本动因是传统委托代理监督机制的失灵。

通过对委托代理关系的考察发现，由于所有者和经营者之间存在利益冲突和信息不对称，因此任何一种委托代理机制都包含两个机制：一是激励机制，用来解决所有者和经营者之间的利益冲突问

① 周曙光、陈丽蓉：“内部控制审计：企业风险管理与政府监管”，《财会月刊》，2011 年第 4 期。

题，使得总的代理成本最小；二是监督机制，用来解决所有者和经营者之间的信息不对称问题，使得所有者掌握足够的信息用以决策，并据此来兑现激励机制。

传统委托代理激励机制是通过经营者参与企业剩余收益的分享来实现的，与之相应的委托代理监督机制是对委托代理结果进行监督，即开展财务报表审计。当传统委托代理关系中各方利益取向发生异化时，仅仅依靠对委托代理结果的监督就不能起到对委托代理关系的监督作用，造成了传统委托代理监督机制的失灵。因此需要对委托代理监督机制进行创新，即在对委托代理结果监督的基础上，增加对委托代理过程的监督，开展内部控制审计。这是内部控制审计制度产生动因的最基本解释。

2. 委托代理监督机制的失灵是由于委托代理关系中各方利益取向的异化，而委托代理关系各方利益取向的异化则来自于经济制度的创新。

经济制度的创新主要包括两个方面：一是由于现代金融制度创新和现代企业制度创新所导致的委托方利益取向的异化，即委托方败德行为的发现；二是来自激励制度创新所导致的受托方利益取向的异化，这加剧了受托方败德的风险。

具体路径如下：

从委托方来讲，现代金融制度创新（如股份公司制、资产证券化等）使得委托代理关系多极化和委托方多元化。委托代理关系多极化使得处于中间层次的受托方同时又是委托方，利益取向变得模糊；而委托方多元化则使得委托方之间利益不完全一致，大股东可能通过剥削小股东而获利。譬如，在股份制公司中具有剩余控制权的委托方（大股东）的利益取向，不再像传统委托代理关系中仅仅依赖于经营者诚实经营获取更多的剩余收益，而产生了新的利益获取途径，如依赖于上涨的股价或者侵害中小股东的利益而获取收益，如通过关联交易输送利益等。

再者，由于有限责任制和保护性破产等制度的引入，具有支配地位的委托方（大股东）可能“为获利而破产”，大股东可能通过剥削债权人或者损害企业自身利益而获利，如大股东可以通过一些负收益的项目转移利润，即“所有者掠夺”。

从受托方来讲，由于激励制度的创新，如股票期权激励制度的引入，传统的激励机制变得十分“小儿科”。受托方可以通过操纵利润等手段来获取远比传统的剩余收益分享大得多的报酬。当前创业板高管通过辞职以规避有关禁止股票交易的规定，然后通过卖出股票获利的事实，可以证明这一点。因此，激励机制的创新加剧了受托方的道德风险。

上述情形在委托方和受托方合谋的情况下，传统委托代理监督机制的制衡作用就显得荡然无存。因此必须要引入新的监督机制，即对委托代理过程进行监督，开展内部控制审计。“魔高一尺，道高一丈”，这也反映了随着金融制度、企业制度和激励制度的创新，必须对委托代理监督机制进行创新。

3. 产生了一种新的内部控制审计观，即内部控制审计制度是对委托代理过程的监督，是委托代理监督机制的创新。这是内部控制审计制度的本质解释。

由外部注册会计师对委托代理过程进行监督，具有天然的独立、客观和专业胜任能力的优势。

从审计学属性来考察，内部控制审计是一种外向型管理审计，由管理审计拓展到内部控制审计具有审计标准、审计对象、独立性和专业胜任能力的可行性。

对当前美国和我国监管部门把内部控制审计制度定位于财务报告内部控制审计的做法，本书认为：从审计成本与效率、审计人员的胜任能力角度来看，这仅仅是一个权宜之计；从财务报告内部控制审计的实现逻辑来看，由于财务报告内部控制无法从内部控制中分离出来单独进行审计，财务报告内部控制审计的制度定位无法落地，也无法实现对委托代理过程的监督。

4. 对企业内部控制进行审计并对外报告的制度合理性，可以从企业社会责任理论角度来解释，即内部控制审计可以解除由于内部控制“外部性”所导致的企业社会责任。

由政府强制性推行内部控制审计制度，则可以从制度变迁理论得到解释，即内部控制审计作为一种公共产品，由政府强制性实施可以达成政府强制性制度变迁的高效率。

第三章

内部控制审计目标及其实现机制

研究内部控制审计目标，首先要研究其审计对象，即内部控制本身。因为作为一种鉴证行为，内部控制审计是一种价值判断，即对内部控制本身及其目标实现程度的评价，那么对内部控制及其目标的定义将直接影响到内部控制审计目标，进而影响到内部控制审计的实现机制，所以本章将从委托代理关系出发，运用契约理论对内部控制的本质和目标进行再认识，在此基础上研究内部控制审计目标及其实现机制。

第一节 内部控制本质及目标的再认识

关于内部控制及其目标的研究成果十分繁杂，由于各自研究的侧重点和路径不一致，导致目前没有一个统一的结论。当前关于内部控制的研究成果主要有内部会计控制、内部管理控制、内部控制结构、内部控制整合框架、全面风险管理框架等不同说法。

一、内部控制概念辨析

顾名思义，企业内部控制是指企业内部的控制活动或规则，但“内部”从哪里开始，又延伸至何处结束，至今没有一个清晰的定义。

一般来讲，内部控制的起点是从股东（或投资者）组建企业对董事会或管理层授权开始的，这一点基本可以形成一致。所以对于股东的资金来源及其与投资企业之外的行为不构成内部控制的范围是基本没有争论的。但是，“内部”延伸到何处呢？一般说来，企业的产品走向市场是生产经营循环的结束，企业“内部”在此止步。但按现代市场营销原理，产品概念延伸至售后服务。产品走向市场后，企业的经营活动并没有结束，企业产品在市场上的表现、企业售后服务、客户的资信状况和需求差异等均应纳入企业“内部”事宜，并妥善处理。同时，随着社会分工和专业化程度的提高，企业为了提高产品与服务质量、降低成本，生产经营过程中的“外包”越来越多。例如，请会计公司代理记账和处理税收事务，外购备件而不是自己生产。因此，原来企业“内部”经常延伸到法律边界以外。

什么是控制呢？不同辞典有不同的解释，但大体都是“驾驭”、“支配”的意思。如《高级汉语大辞典》把“控”和“制”又分别做了解释，认为“控，引也”；“制”就是“约束、限定、管束”；“控制”就是“掌握住对象不使其任意活动或超出范围；或使其按控制者的意愿活动”。尽管有关控制的解释有许多，但总体来看，大多认为控制是为了达到一定的目标，由施控者向受控者实施的牵制、制约、约束、限定和管束等，包括引导和约束两个主要手段①。

① 此处关于“控制”的定义和描述，笔者参考了王宏博士论文的观点，“基于国际视野与科学发展的内部控制框架体系研究”，西南财经大学，2008 年。

通过上面对“内部控制”一词的语义学解释，至少给我们两点启示：一是要研究内部控制的边界，即“内部”的起点和终点，这影响到企业内部控制的范围、内容和主体等问题；二是要研究“控制”的内涵，这影响到内部控制的内容、方法和手段。

通过对国内外学术界、会计审计等职业界的近50种关于内部控制的定义进行了研究，通过归纳整理后认为，对于内部控制本质和目标的描述不外乎以下三种观点：内部控制是一种管理制度或者管理规范，笔者称之为内部控制的制度观；内部控制是贯穿企业内部所有环节的管理过程，笔者称之为内部控制的过程观；内部控制是一个企业的管理系统或者控制机制，笔者称之为内部控制的系统观。这三种观点虽然所规定的内容有很多重叠的地方，但反映了对“内部”和“控制”二者规定性的不同理解。

（一）内部控制的制度观

持这种观点的人士和组织认为，内部控制就是企业的一项制度。主要有两种解释：一是，内部控制是企业的政策、程序、流程、方法、措施等具体的控制手段；二是，内部控制是企业制度规范的总和。

第一种解释认为，内部控制是企业为实现一定目标而制定和建立的业务流程、政策、程序、方法和措施。显然，这种观点直接把内部控制定位在具体操作层面，比较关注的是如何“控”和“制”的问题。持这种观点的人多来自会计、审计职业团体、政府监管部门，这也反映了企业内部控制在实务界的理解。

这种观点的主要见于：柯氏会计辞典、美国注册会计师协会发布的《独立公共会计师对会计报表的审查》（1936）、美国注册会计师协会所属审计程序委员会发布的《内部控制：一种协调系统的要素及其对管理层和独立公共会计师的重要性》（1949）、美国注册会计师协会所属审计准则委员会发布的第55号审计准则公告（SAS55）

《会计报表审计中对内部控制结构的关注》(1988)、由中国注册会计师协会拟订并由财政部批准印发的《独立审计具体准则第九号：内部控制与审计风险》(1996)、财政部发布的《内部会计控制规范——基本规范（试行)》(2001)、中国证监会发布的《证券公司内部控制指引》(2001)、财政部发布的《内部会计控制规范——基本规范（试行)》(2006)、新加坡金融管理局发布的《风险管理做法指引——内部控制》(2006)、日本金融服务局发布的《财务报告内部控制评估与审计准则》(2007)。

第二种解释认为，企业内部控制是为了实现某一目标而由企业制定和运行的各种规范的总和或者所有制度的集合。显然这种观点在强调“控”和“制”的规定性的同时，更加注重控制方法、措施、政策、程序以及流程运行的环境，对内部控制的边界，也就是“内部”的内涵，有了一定的关注。

李明辉（1996）认为，企业内控制度可以描述为围绕企业整体目标运行的各种规范的总和。它用来规范股东作为最终控制主体，和董事会、经理层、企业全体员工作为不同层级的控制主体与受控对象之间的信息耦合过程。

加拿大特许会计师协会在《审计推荐草案》(1976) 中指出，内部控制由企业的所有协调制度组成。其目标是为了实现预定的管理目标，促进企业各项业务有序进行，并保证资产的安全、会计记录的可靠并提供及时准确的财务资料。

（二）内部控制的过程观

持有这种观点的人士和组织认为，内部控制是企业为了实现某一目标而采取的管理过程或者管理活动。这种观点在强调制度规范的同时，更加强调具体的执行，也就是内部控制制度和规范的运行。这种观点是强调动态的观点。内部控制过程观主要得到了管理学界、银行业界和政府审计部门的大力支持。

这种观点主要见于：《哈佛管理全集》、纽约州颁布的《纽约州内部控制法案（1987 年）》、美国 COSO 委员会发布的《内部控制整体框架》(1992)、巴塞尔银行监管委员会发布的《银行组织内部控制系统的框架》(1998)、美国审计总署发布的《联邦政府内部控制准则》（1999)、COSO 委员会发布的《企业风险管理整合框架》(2004)、欧洲会计行业团体（FEE）发布的《风险管理与内部控制在欧盟 - 讨论文稿》(2005)、中国人民银行发布的《商业银行内部控制指引》(2002)、中国银监会发布的《商业银行内部控制评价办法》(2004)、审计署发布的《审计机关内部控制测评准则》（2004)、上海证券交易所发布的《上交所上市公司内部控制指引》（2006)、深圳证券交易所发布的《深交所上市公司内部控制指引》（2006)、香港会计师公会发布的《内部控制与风险管理基本框架》。

（三）内部控制的系统观

持有这种观点的人士和组织认为，内部控制是一个系统工程或者系统机制。相比内部控制制度观和内部控制过程观，更加强调内部控制的目标，即内部控制系统是一个目标的集合体，同时强调内部控制各要素的信息沟通和自适应。持有这种观点的人士以理论界学者居多，主要从系统论和经济学的角度考察内部控制。开始接近内部控制的本质研究。

这种观点主要见于：最高审计机关国际组织（INTOSAI）在第 12 届国际审计会议上发表的《总声明》（1986)、英格兰及威尔士特许会计师协会（ICAEW）所属公司治理财务委员会（Cadbury 委员会）制定的《内部控制与财务报告》（1994)、加拿大特许会计师协会所属控制标准委员会（Criteria of Control Board，简称 COCO 委员会）发布的《控制指南》(1995)、澳大利亚会计师公会发布的《小企业内部控制指引》（2004)、英格兰及威尔士特许会计师协会所属特恩布尔审查小组（TURNBULL）发布的《内部控制——董事有关联合规则的修正指南》(2005)。

(四) 对上述观点的评价

内部控制的制度观、过程观和系统观反映了理论界和实务界对内部控制的不同理解，也反映了内部控制的动态发展过程。

内部控制制度观主要从“控”、“制”的规定性上出发，较少探讨内部控制制度的边界，而是当然地将内部控制限定在企业内部的某一个环节和岗位，更多地强调政策、程序、方法、措施以及流程。这种观点的支持者主要集中在会计、审计等职业界和相应的政府监管组织中。毫无疑问，这是对于内部控制最直接的解释，反映了会计、审计界对内部控制的影响。控制手段也主要是会计控制、财务控制。控制目标主要是保护企业资产的安全完整、查错防弊、会计记录的准确性等。控制内容限于岗位分工、账目核对、业务标准化控制和程序控制。其局限性在于，内部控制制度观停留在内部控制的“制”上，而较少研究“控”，同时也是一个静态的观点。

内部控制过程观则主要从“控”、“制”的运行和结果出发，开始涉及除了会计控制之外的管理控制的内容，同时内部控制的边界也开始涉及管理活动的方方面面，强调内部控制的动态过程。这种观点主要集中在管理学界、银行界和有关内部控制研究组织（如COSO委员会等）中。毫无疑问，这种观点反映了内部控制的管理需求，强调了内部控制的管理效率和结果。这是管理学界对于内部控制领域的研究不断深入的结果。这也是企业发展理论对于当前经济环境不确定性增加，经营风险日益加大，企业越来越强调风险控制的回应。这种观点将提高企业的经营效率和效果新增为企业内部控制的一个目标。这是内部控制发展历程上的一个分水岭，由于对“控”的重视，为内部控制的发展带来了新的生命力。控制内容中除了包括“制”的因素，如业务标准化控制、程序化控制、决策机制外，还开始包括“控”的因素，如激励机制等。

内部控制系统观则主要从内部控制的边界出发，试图解释“内部”和“外部”的关系；同时运用系统理论，强调“控”和“制”以及系统内外部关系的平衡性，强调内部控制作为一个系统的目标规定性。这种观点主要集中在管理学界和经济学界。毫无疑问，这种研究是把企业的经济运行本质作为内部控制研究的落脚点，认为内部控制是企业大系统中的一个子系统。这种研究的角度站在资源配置效率上，具有革命性意义，为内部控制的研究指明了方向。但遗憾的是，这些研究没有能够深入到企业契约理论，如怎样保护企业产权等，而只是触及到了表面。

这些观点反映了对内部控制考察的不同视角，但没有反映内部控制在委托代理关系中的本质。基于内部控制审计是对委托代理过程进行监督的内部控制审计观，对内部控制的本质及其目标的研究，就必须把内部控制放在委托代理关系中进行考察，结合企业契约理论，探索企业本质和内部控制在委托代理关系中的作用，才有可能准确把握内部控制的本质和目标。

二、内部控制契约观：内部控制本质是企业不完全契约的补充

基于上述分析，本书将从委托代理关系出发，考察内部控制在委托代理过程的作用，进而揭示内部控制的本质。

（一）企业是一个不完备的契约组织

按照科斯定律和企业产权理论，企业之所以存在，是由于企业作为一种契约组织而存在，这些契约就是委托代理关系的具体体现。企业这种组合有助于降低交易费用，从而使企业成为市场的替代者。如果某种产品或者服务能够从市场上获取且费用比企业内部生产还要低，就没有形成生产这种产品或提供这种服务的企业的必要，反

之亦然。所以企业作为一个契约组织，其内部各个要素主体、次级组织之间的内部契约相比市场中各企业之间的契约更具有经济性。

进一步分析，企业是一个不完备的契约组织。这种契约的不完备性主要存在于两个层面：一是要素所有者与企业经营者层面，称之为企业治理层面；二是企业经营者与下级员工层面，称之为企业管理层面。

企业治理层面的不完备契约特征主要是由于经营者的专用性人力资本属性所导致的。从产权经营的视角看，一个完整的产权价值运动过程是由要素所有者委托产权给经营者，产权在企业内部参与价值创造活动和产权价值实现活动组成的。现代企业作为要素所有者交易产权的契约联合体，其特别之处在于契约中包含了对专用性人力资本——管理才能的使用。但是这种专用性人力资本不能按照两权分离理论来分割，它仅仅由企业经营者所有。也就是说，专用性人力资本作为人力资本，具有相比非人力资本（如资本、土地、设备等）和经营者天然的"亲近"，从而听命于经营者本人。所以，如何激励人力资本就成为一个委托代理关系的重要问题。

周其仁（1996）指出，与非人力资本与其所有者可以彻底分离的产权特征相比，专用性人力资本的产权天然属于其所有者，无法分离，非"激励"难以调动[①]。张维迎（1996）则形象地指出，当对人力资本的激励出现问题时，人力资本的这种产权特性会造成非人力资本有可能被人力资本当做"人质"而受到"虐待"，这就是企业"代理问题"[②]。由此，决定了现代企业契约是一种不完备契约。也就是说，企业契约是有"漏洞"的，无法采用"事前完全讲清楚"的契约模式。

① 周其仁："市场里的企业，一个人力资本和非人力资本的特别合约"，《经济研究》，1996 年第 6 期。

② 张维迎："所有制、治理结构及委托代理关系——兼评崔之元和周其仁的一些观点"，《经济研究》，1996 年第 9 期。

这种现代企业契约的不完备性或存有“漏洞”，就意味着要素所有者的委托产权在缺乏必要的控制时，其安全性和效益性目标难以得到有效保障。因此，为维护自己的权益，要素所有者需要对委托产权进行控制。正如威廉姆森（2003）指出，企业的出现不是作为传统生产选择理论所描述的生产功能的产物，而是作为治理结构的产物出现[①]。这就需要在企业治理层面对不完全契约进行补充，以解决要素所有者和经营者之间的矛盾。

企业管理层面的不完备契约特征主要是由于多重委托和团队生产的特性所导致的。按照威廉姆森的观点，企业作为市场的替代者，是通过纵向一体化组织来替代横向一体化的组织（即市场），企业契约替代市场契约可以消除市场机会主义，但却会带来企业机会主义[②]。我们知道，企业的产出是一种联合产出，是企业内部多重委托和团队生产共同努力的结果。在团队生产契约中，团队生产的效率取决于每一个团队成员对团队总产出的边际贡献。然而，团队生产中每个参与者的边际贡献是无法分割，并进行观察和度量的。所以，在信息不对称条件下，要精确度量团队中每一个成员的边际贡献是不可能的，因此，也就无法完全按照每个团队成员的真实努力水平与贡献大小去支付报酬。这种情况会导致团队成员的搭便车问题，同时由于团队成员能将偷懒（Skirling）的成本很容易地转嫁给其他参与者，在偷懒和欺骗等行为的激励下，团队生产的效率就会受到损害，从而导致企业内部交易费用的增大。

由于上述经营者人力资本的专用性、多层次委托代理关系和团队生产中的“搭便车”行为的存在，直接影响到企业交易费用的大小。如果得不到很好解决，企业就会被效率更高、费用更低的市

① 威廉姆森：“从选择到契约：作为治理结构的企业理论”，《经济社会体制比较》，2003年第3期。

② 张维迎：《企业的企业家——契约理论》，上海人民出版社，上海三联书店，1995年。

场所替代，失去存在的必要。

（二）内部控制本质是企业契约不完备的补充

解决这种企业契约之间的不完备性，最直接的办法就是建立一系列的激励和监督机制，作为对于企业契约“漏洞”的补充。

从委托代理关系的层级来看，解决所有者和经营者之间的契约“漏洞”的补充契约，就构成了以所有者为中心的对经营者的控制，也就是企业治理控制；而解决经营者和下属管理人员、员工的契约“漏洞”的补充契约，就构成了以经营者为中心的对各层级管理者、员工的控制，也就是企业管理控制。

基于上述分析，从内部控制在委托代理过程中的作用来看，内部控制本质可以定义为企业不完全契约的补充，即内部控制的契约观。包含以下几层含义：

1. 内部控制的契约特征

作为企业不完备契约的补充，内部控制的表现形式可能是一种正式的契约，也可能是一种隐性的契约。

为了解决委托代理关系中的信息不对称和利益冲突问题，委托代理机制包含委托代理激励机制和委托代理监督机制，其中有些激励措施和监督措施就表现为正式的契约，如考核制度、权限分配、岗位设置等等，这种内部控制具有正式契约的特征。

由于人力资本的专用性、团队生产等企业组织的特点，往往还需要建立一系列的软环境，构成内部控制的基础环境，如管理哲学、企业文化，以及行为准则和规范等等。这些内部控制就具有隐性契约的特征。

2. 内部控制契约观下“内部”的边界

按照内部控制的契约观，内部控制的边界，即“内部”的定义，是企业不完全契约所作用的范围。

很显然，按照上述分析，为了解决经营者人力资本专用性而导致的代理问题，需要内部控制的存在；同样为了解决多层次委托代理和团队生产而导致的搭便车问题，也需要内部控制的存在。所以内部控制的边界存在于内部治理控制和内部管理控制的各个环节，也就是说对于委托代理过程中的所有环节，都是本书内部控制契约观下所涵盖的内部控制的范畴。

内部控制契约观关于“内部”的边界，丰富了内部控制制度观、内部控制过程观和内部控制系统观中对“内部”边界的理解，把内部控制从原来的法律组织形式的“内部”概念扩大到企业的经济学的“内部”边界。

3．内部控制契约观下“控制”的内涵和外延

同样，内部控制契约观对“控制”的定义也更加全面。尤其是内部控制契约观中提出的激励机制，就是“控”的要素，这丰富了以往内部控制制度观、内部控制过程观和内部控制系统观仅仅强调“制”的要素，而忽视“控”的观点。

从某种意义上讲是“控”和“制”构成了解决企业契约不完备性的两种路径，即“控”者“引也”所代表的激励机制和“制”者“约束、限制”所代表的监督机制。毫无疑问，从内部控制契约观的根源来看，无论是解决企业治理层面和企业管理层面的企业契约“漏洞”，“控”和“制”缺一不可，甚至在某种程度上，“控”的重要性超过“制”的重要性。

三、内部控制的目标是降低交易费用

按照内部控制契约观，内部控制作为企业不完全契约的补充，其目标是什么呢？我们先来考察内部控制作为企业不完备契约补充，在委托代理关系中如何发挥作用，进而讨论内部控制的目标。

（一）内部控制所规范的是交易行为

郭道扬（2004）从产权理论角度指出，市场经济的本质是产权经济，交易是其最基本的行为①。我们知道，在制度经济学中，“交易”一词的涵义不仅仅是指一般的市场行为，也包括人与人之间的经济关系。按照制度经济学的观点，人类经济活动可以分为两类：一类是生产活动，表现为人与自然界之间发生的关系；另一类是交易活动，表现为人与人之间发生的经济关系。一切不能归入第一类生产活动的经济活动，即一切不是以改变自然界为目标的经济活动都属于交易活动。

制度经济学家康芒斯（1934）创造性地把交易概括地分为实行谈判原则的买卖的交易、实行命令与服从原则的管理的交易和实行摊派原则的配额的交易②。康芒斯通过对这三种交易类型的高度概括，涵盖了人与人之间所有的经济关系与活动。内部控制作为一种他律性行为，内部控制的主体通常是人，客体也通常是人，内部控制主要是发生在人与人之间的经济活动，所以，也是一种交易活动。

因此，从本质上说内部控制属于康芒斯所称的第二类交易的范畴③，即实行命令与服从原则的管理的交易。

（二）内部控制的目标就是降低管理类交易的费用

通过前面分析，我们知道，内部控制是企业不完全契约的补充，其规范的是委托代理环节中的各种交易行为。这些交易表现为所有者和经营者之间的交易，以及经营者和下属管理人员、员工之间的交易。

同样地，按照科斯定律和契约理论，作为企业不完全契约补充

① 郭道扬：“论产权会计观与产权会计变革”，《会计研究》，2004年第2期。

② 康芒斯：《制度经济学》，商务印书馆，1997年。

③ 同上。

的内部控制，其目标就是降低交易费用，包括降低代理成本，减少搭便车行为，使得企业内部的交易费用低于市场费用。具体而言，就是降低康芒斯所称的第二类交易的费用，保证实行命令与服从原则的管理类交易的效率，使得这些交易在企业组织下的交易费用低于市场交易费用。

第二节 内部控制审计目标的确定

一、内部控制审计目标是鉴证内部控制的有效性并发表意见

按照内部控制契约观，内部控制是企业不完全契约的补充，内部控制的目标是降低交易费用，而作为委托代理过程监督机制的内部控制审计，毫无疑问，就是对内部控制的效率性进行监督。

根据内部控制审计是一种外向型管理审计的定性，我们可以借鉴管理审计的目标理论，即管理审计是对管理有效性的鉴证，内部控制审计的目标就是鉴证内部控制的有效性并发表意见。其有如下几层含义：

第一，内部控制审计是对内部控制有效程度的鉴证并并发表意见，而非确保内部控制的有效性。

对内部控制有效性程度的鉴证意味着内部控制审计将对企业内部控制的有效性提供一份鉴证信息。这份信息是独立、客观、公正的，它可以用来解除企业要素所有者、企业经营者和企业员工之间的委托代理过程的责任，也可以用来解除企业的社会责任。更进一步，当内部控制审计制度化以后，这份鉴证信息作为一项公共物品

更可以低成本、高效率地向社会传递。

有学者认为，内部控制审计除了鉴证作用之外，还需要确保内部控制的有效性。这种定位有两个误区：一是混淆了内部控制本身的纠偏功能和内部控制审计的纠偏功能。从某种意义上来讲，内部控制作为一种机制，具有“控”和“制”的功能，本身就是一个纠偏系统，是一个直接的纠偏过程；而内部控制审计只是一种间接的纠偏功能，即通过内部控制审计对内部控制有效性的评价，间接地传达给内部控制系统需要调整的信号，从而达到纠偏的作用；二是内部控制审计保证内部控制的有效性，是非不愿而非不能。我们知道，内部控制本身具有局限性，内部控制审计作为一种对内部控制有效性的评价，也具有局限性，所以在双重局限性下，要想通过内部控制审计来保证内部控制的有效性是不现实的。

第二，内部控制审计的对象是内部控制，但内部控制审计并不需要对有关内部控制的认定或者申明作出评价，而只需要对内部控制的有效性本身进行评价，从而得出结论。而关于内部控制的有效性无疑与一个事先设定的目标或者社会公众公认的目标相关。

例如，事先设定的目标允许企业发生某种关联交易，而企业也并没有设置防范这种关联交易发生的内部控制，且现实中这种关联交易又发生了，尽管可能这种关联交易可能是不当的，那么审计的结论仍然是内部控制是有效的。这个时候，如何确定内部控制有效性的标准就成为内部控制审计的核心概念。

同时，内部控制的有效性也是一个动态的标准。即在一定的环境下，按照某个设定的标准，内部控制可能是有效的；依此类推，在另外的环境下，这种内部控制也可能是无效的，或者有效性程度不高。这反映了内部控制审计目标的环境影响。

二、对内部控制有效性鉴证的可行性

内部控制审计目标的确定，除了从内部控制的本质、内部控制目标、内部控制审计的本质等角度进行逻辑推理之外，还必须从内部控制审计目标实现的约束条件来分析其可行性。也就是说，将内部控制审计的目标定位为鉴证内部控制有效性并发表意见是否可行呢？本书将从内部控制审计需求、内部控制审计供给能力两个主要的约束条件来论证。

（一）鉴证内部控制有效性的需求可行性

从某种意义上讲，投资者、债权人、政府等利益相关者对于内部控制有效性的鉴证需要和财务信息的审计需要同等强烈，甚至更加重要。

一方面，随着美国安然事件发生、萨班斯法案出台、PCAOB 关于内部控制审计要求的提出，人们认识到，仅仅依赖于对财务信息的鉴证，人们仅仅了解到企业的历史信息。而这种历史信息，对于要素所有者考察经营者的契约履行情况显得十分无助。因为这种仅仅反映委托代理结果的信息，并不能告诉所有者关于企业经营的效率，也就是内部交易费用的高低。因此存在这种可能，即经营者通过牺牲交易效率来增加交易费用而中饱私囊的行为。所以要素所有者对于内部控制效率性的要求，就是对委托代理过程监督的需要。这即是一个理性所有者的必然要求，也是经营者解除自身受托责任的一种必然的选择。

另一方面，从政府等其他利益相关者来讲，对内部控制有效性的鉴证也可以满足其关于委托代理过程监督的需要。从美国的次贷危机发展到金融危机，再发展到经济危机，进一步扩大到欧债危机和全球的经济衰退，包括美国政府在内的所有潜在利益相关者都认识到，对于内部控制有效性的忽视，仅仅关注财务数据，有舍本逐末之嫌。最终的结果是，包括投资者在内的所有人并不知道数字背后的故事，并不知道在和谁做交易，交易的标的所代表的权利和义务是什么？

不难看出，由于缺乏对委托代理过程的监督，委托代理关系开始变得模糊不清。也就是内部控制的缺失或失效，导致了康芒斯所说的第一类和第二类交易的混乱，从而使得产权不清晰，导致经济的紊乱，从而引发信任危机，并触发经济危机。其中第一类交易，从某一个交易主体来讲，是显性的契约，是一个外部的控制，但从一个行业或者一个国家来看，这又变成了一个内部控制。对于第二类交易，显然这就是内部控制的问题，同样由于内部契约的外部性，企业内部契约导致了很大的外部影响。所以，基于维护社会公众利益的诉求而开展对企业内部控制有效性的鉴证成为对委托代理过程进行监督的具体体现。

从对委托代理过程监督的审计需求来看，对内部控制有效性的鉴证能够满足对委托代理过程监督的需要，因此对内部控制有效性鉴证作为内部控制审计目标具有审计需求上的是可行性。

（二）鉴证内部控制有效性供给能力的可行性

审计师是否具备提供鉴证内部控制有效性这种服务的能力，并且能够承担这种行为的法律责任呢？

首先从内部控制有效性标准的发展上来讲，内部控制的理论研究和实务的突破为内部控制有效性的鉴证奠定了基础。正如我国学者方红星①、李心合②等认为，内部控制起源于会计、审计的监督控制，但随着管理学的发展，内部控制监督控制的范围、措施和功能

① 方红星："内部控制 审计与组织效率"，《会计研究》，2002 年第 7 期。

② 李心合："内部控制：从财务报告导向到价值创造导向"，《会计研究》，2007 年第 4 期。

已经发生了本质性的变化，内部控制正从会计学、审计学上的财务会计控制发展成为价值创造和公司治理导向的内部控制。这种变化最直接的表现就是COSO内部控制整合框架等系列内部控制标准的出台。这既给企业内部控制提供了一个可供借鉴的标准，也为内部控制审计提供了一个价值判断尺度。同时，我们也看到，随着管理标准的发展，也出现了有关于公司治理内部控制的OECD标准、关于信息系统控制的COBIT标准等等。这都为我们提供内部控制有效性鉴证服务做好了技术准备。

其次，从审计师胜任能力来讲，随着风险导向审计理论和实务的推进，审计师能力得到了深度和广度上的拓展，为从事内部控制有效性鉴证提供了前期的实务操作培训和演练。

从历史的角度来看，审计师对于内部控制的了解是源远流长的。几乎在庄园审计时代，审计师在开展以查错揭弊为目标的审计时期，内部控制就成为关注的重点。后来随着资产负债表审计的出现和财务报表审计的盛行，基于内部控制具有提高财务报告可靠性作用的假设，以审查内部控制制度为前提的制度基础审计方法得到了迅速发展。这也为审计师审查内部控制打下了坚实基础。现代风险导向审计理论的提出，审计师对于企业的风险评估和内部控制的了解和评价成为开展实质性测试的前提，这个时期，内部控制已经成为了审计师必备的能力要求，审计师对于内部控制的评价能力得到了很大的提高。可以说，从审计师胜任能力上来讲，现代审计师已经具备了提供内部控制审计的水平，在当前要求审计师开展内部控制有效性的鉴证工作是水到渠成的。

第三节 内部控制审计目标的实现机制

一、内部控制审计目标实现机制的理论阐述

（一）内部控制审计目标实现机制的理论阐述

从方法论角度，审计是一种认识行为。认识是指人们的头脑对外界世界的表面现象及其本质和规律性的反映[①]。审计上的这个认识过程就是审计判断过程[②]。按照审计判断理论，内部控制审计的判断过程大致可以分为以下三个阶段[③]：

第一阶段，审计师了解企业内部控制及其运行情况与运行效果的认识意味阶段。审计师通过确定具体审计对象，应用检查、观察、询问、分析和询证等技术取得关于内部控制有效性的证据资料，这个过程就是认识意味的形成过程，也称之为证据收集过程。

第二阶段，通过对证据资料的分析和研究，形成关于内部控制有效性的心证[④]。这种过程，即为形成情绪意味的过程，实务中也称之为证据确定的过程。以证据资料为物理载体的情绪意味，即为审计证据。审计证据过程既是证据资料的收集过程也是心证的形成过

---

① 艾思奇：《辩证唯物主义与历史唯物主义》，人民出版社，1978 年。

② 谢少敏：《审计学导论——审计理论入门和研究》，上海财经大学出版社，2006 年。

③ 此处关于审计过程判断过程的观点，转引至谢少敏的《审计学导论——审计理论入门与研究》（上海财经大学出版社，2006 年）一书。其主要观点来自于日本审计学者，鸟羽至英、秋月信二的《审计的理论性思考》一书。

④ 心证原为法律用语，指法官在诉讼案件的审计中形成的对事实的认识和内心确信。

程。由于内部控制审计对象的特殊性，证据的收集和心证的形成更加无法截然分开。

第三阶段，将所形成的心证与判断标准，即内部控制有效性的标准相比较，得出内部控制有效性结论的过程。审计师所形成的心证是否属于“情绪意味的集合”随认识意味水准的不同而不同，如审计师和审计报告使用者在“内部控制有效性”意味上的不同，就会导致期望差距。如对审计报告使用者来说，“内部控制有效”包括“企业内部控制契约设计合理，运行有效，所以企业运行效率最高，内部交易费用最低，是一个最高标准”等类似的意味；而审计师往往是在“企业内部控制契约的设计和运行没有发现重大漏洞和失误，只是一个最低标准”这一意味上使用上述措辞的。因此缩小这种期望差距的办法就是在审计师和审计报告使用者之间对“内部控制有效性”建立一个公认的标准。

所以，要鉴证内部控制有效性，必须设计一套合理的实现机制，解决证据收集、证据判断、审计判断并报告的问题，而其中关于“内部控制有效性”的标准，显然是最核心和亟须解决的问题。

（二）内部控制审计目标实现机制

根据前面的理论分析，为了实现内部控制审计目标，必须建立以内部控制有效性价值判断标准、内部控制有效性评价系统在内的内部控制审计目标的实现机制，同时还要建立一系列配套保证措施。

整个内部控制审计目标实现机制可以图 3-1 来表示。

二、内部控制审计目标实现机制的核心环节

（一）内部控制有效性定义及其价值判断标准

在内部控制审计中，作为一个价值判断标准，“内部控制有效”

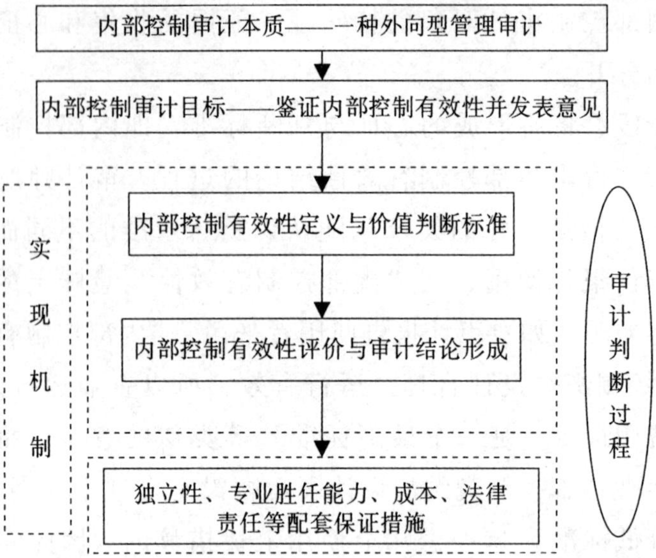

图 3-1

不再是一个宽泛的概念，而具有约定俗成的规定性。

按照内部控制契约观，内部控制有效的终极判断标准是作为企业不完全契约补充的内部控制实现了降低交易费用的目的，使企业的效率高于市场效率，企业内部交易费用低于市场费用。虽然，在现行的审计实务中，我们无法计量这种交易费用的高低。但是，实证研究的结果（如吴益兵，2010）表明，有效的内部控制有助于改善企业的盈利能力并提高公司股价①。这说明内部控制有效性和降低交易费用就有正的相关性。

一般而言，内部控制有效性的价值判断标准的选择与构建，需要具备一定的原则。不同的价值判断标准下，对内部控制有效性的判断会得到不同的结果。内部控制有效性价值判断标准必须具有以下特征：（1）权威性。这是指由某个权威机构或者组织（政府或民间的）按照正规的程序所制定的；（2）普遍适用性。即这个标准是

---

① 此处观点参考了吴益兵博士论文，“内部控制鉴证：动机、价值相关性与内控效率”，上海财经大学，2010年。

得到公认的，广泛被接受的标准；（3）无偏向性，也就是说标准本身没有倾向性，无偏见；（4）可度量性，且对于内部控制各要素的定性、定量的测量具有一贯性；（5）全面性，即对内部控制有效性所作的结论可能有影响的相关要素不被遗漏。

（二）内部控制有效性评价与审计结论形成

解决了内部控制有效性的标准问题，接下来就是要解决内部控制有效性的评价路径和缺陷认定问题。从评价的角度来看，我们可以采用定性和定量两种方法对内部控制的有效性进行评价。

按照定性的路径，我们可以通过上述选定的内部控制有效性的价值判断标准的各个组成要素，从各要素层面以及企业总体层面，对内部控制设计和运行中的缺陷进行描述。然后，对于发现的内部控制缺陷进行重要性的评估，评价这种缺陷的影响对于企业的效率的影响程度，即这种缺陷对于交易费用的影响，从而确定这种缺陷是一般缺陷、重要缺陷、重大缺陷，或者内部控制总体有效的结论。

按照定量的路径，我们通过上述分析，可以对于选定的内部控制有效性的价值判断标准的各个组成要素进行层次分析，选取不同的指标，按照不同的权重，通过赋值，计算出企业内部控制的总体有效性。其中需要解决的关键问题就是标杆值的选取、不同指标的权重分配、总体分值的有效性程度的确定，即有效、有缺陷、有重要缺陷还是重大缺陷的标准对应到哪一个分值区间的设定。这种定量评价路径下对企业内部控制有效性的缺陷评估显然是一个经验和统计的结果。

（三）内部控制审计目标实现的配套保证措施

首先，相对于传统的审计业务，内部控制审计对审计师提出了两个新的要求：一是独立性方面的。这是由于内部控制审计面临着比财务报表审计更多的专业判断，甚至人格评价等等，同时也接触到更多的商业机密；二是专业知识结构和专业经验方面的。这是由内部控制和内部控制审计内容所决定的。

其次，作为一种新兴的管理审计，内部控制审计必然面临着审计成本与效率权衡。这主要牵涉到如何认定内部控制审计的适当性，以免造成内部控制审计过度或者审计不足。

再次，由于内部控制审计是对内部控制交易效率的鉴证，这也给审计师出具内部控制审计报告带来了更大的法律责任。按照审计法律责任的一般原理，审计师面临着“对什么负责”和“对多大范围的利益相关人负责”的问题①。“对什么负责”，一般的审计责任理论解释为“合理注意义务”或者“高度注意义务”，显然，作为企业不完全契约补充的内部控制，无法像财务报告审计中的财务报表一样具有明确的范围，这种注意义务范围显得非常模糊，不具备操作性。而“对多大范围的利益相关人负责”，无论是“合同相对当事人”原则、“已知第三人”原则和“可预知第三人”原则，内部控制的利益相关人非常宽泛。因此我们无法从传统的审计法律责任理论中很好地找到内部控制审计报告的法律责任的理论依据并进行归

---

①　审计法律责任一般包括行业自律责任、行政责任、民事责任、刑事责任。行业自律责任是指作为某一个行业团体会员必须遵守的义务，对违反自律责任的会员，常常给予约谈、公开谴责、通报批评、吊销会员资格等处罚措施。行政责任则是指必须遵守国家相关行政法规的责任，对违规的个人和单位，一般由行业主管部门对个人给予警告、暂停执业、罚款、吊销执业资格等处罚措施，而给予单位警告、没收违法所得、罚款、暂停执业和撤销的处罚措施。民事责任则是指个人和单位违反注册会计师法规定，由司法机关按照民法通则和相关法规对注册会计师及执业机构进行民事赔偿的处罚责任；刑事责任是指由司法机关依法追究个人和单位违反刑事诉讼法和相关法规的刑事责任，主要包括拘留、有期徒刑等。本书所指的审计师法律责任，是指注册会计师的民事责任。有关注册会计师民事责任的基本理论，本书参考了李若山、周勤业的《注册会计师法律责任理论与实务》一书（中国时代经济出版社，2002 年），和陈汉文、韩洪灵的《审计理论》一书（机械工业出版社，2009 年）的观点。其中对于民事责任的认定，在合同法原则下和侵权法原则下具有不同的影响。

责。但是，审计师对内部控制审计法律责任的恐惧则是确定的[①]。这种恐惧必将影响到内部控制审计实务的开展。

所以，在内部控制审计目标实现机制中，我们一定要考虑到如何解决好上述内部控制审计独立性、审计师从事内部控制审计专业胜任能力、内部控制审计效率和内部控制审计报告法律责任等方面的特殊性，建立相应的配套保证措施。如果这些保证措施不到位，内部控制审计实务必将受到限制，内部控制审计目标也无法实现。

本章小结

本章小结如下：

1. 内部控制是内部控制审计的对象，对内部控制的不同理解将影响到内部控制审计目标的确定。从内部控制的语义学解释出发，对内部控制的研究，一是要研究其边界，即“内部”的起点和终点，这影响到内部控制的范围、内容和主体；二是要研究“控制”的内涵，即内部控制的内容、方法和手段。

本书对当前关于内部控制的不同观点进行了分析，归纳为三种观点，即内部控制制度观、内部控制过程观和内部控制系统观。内部控制制度观主要从“控制”的规定性出发，而较少研究内部控制的边界，即“内部”的含义，其中对于“控制”的研究，主要停留在“制”上（即负反馈），而较少研究“控”（即正反馈），是一个静态的观点。内部控制过程观主要从“控”和“制”两方面出发，

① 笔者在担任中国注册会计师惩戒委员会委员过程中发现，由于对于审计责任的归责存在一定的难度，无论是“一般过错原则”的“谁主张谁举证”，还是“过错推定原则”的“举证责任倒置”，要对内部控制审计的民事法律责任进行认定是很困难的。因此，对于内部控制审计报告法律责任的追究，注册会计师业界普遍感到恐惧。

是一种动态的观点，尤其是开始考虑“控”的因素，如激励机制，这也使得内部控制的目标开始向企业的经营效率和效果方面发展，具有重要意义。内部控制系统观则从内部控制的边界，即“内部”的内涵出发，强调“控”和“制”的平衡，强调作为一个系统的目标性，具有很大的进步。

上述观点并没有揭示出内部控制在委托代理关系中的作用，因此无法回答对委托代理过程进行监督的内部控制审计所面临的问题，有必要对内部控制的本质进行再认识。

2. 从委托代理关系出发，运用契约理论，对企业的本质和内部控制的本质进行了再认识，提出了内部控制的契约观和内部控制目标是降低交易费用的观点，揭示了内部控制在委托代理过程的作用，为开展内部控制审计奠定了基础。

按照科斯定律和企业契约理论，企业是一个契约的集合，这种组合有助于降低企业的交易费用，使得企业成为市场的替代者。由于多层次委托代理关系的存在、经营者人力资本的专用性、团队生产中“搭便车”行为，各利益相关者之间不可能通过契约规定所有的报酬补偿和“剩余求偿权”的分配，所以企业契约具有不完备性。

企业内部控制就是企业不完全契约的补充，笔者提出了内部控制的契约观。从委托代理关系的层级来看，企业的内部控制是对两个不同层次的委托代理关系契约的补充：一是以所有者为中心的对经营者的控制，也就是企业治理控制；二是以经营者为中心的对各层级管理者、员工的控制，也就是企业管理控制。内部控制契约具有正式契约和隐性契约的特征，内部控制契约观较好地回答了内部控制的边界问题，即“内部”的解释，和“控制”的内涵和外延，贯穿了委托代理过程的所有环节。

按照内部控制契约观，内部控制的目标就是保证康芒斯所称的第二类交易的效率，使这些交易在企业组织中的交易费用低于市场中交易费用，即企业内部控制的目标就是降低实行命令与服从的管理交易的费用。

3．内部控制审计的目标就是对内部控制有效性的鉴证。对内部控制有效性的鉴证，包括对委托代理过程的两个不同层次的有效性进行鉴证，即以所有者为中心的企业治理控制的有效性和以经营者为中心的企业管理控制的有效性。

应该注意，内部控制审计目标是对内部控制有效性进行鉴证并发表独立意见，而不是对内部控制有效性进行保证。对内部控制有效性进行鉴证具有审计需求上的可行性，也具有供给能力上的可行性。

4．内部控制审计目标实现机制主要包括：内部控制有效性的定义及内部控制的价值判断标准确定、内部控制有效性评价与审计结论形成和内部控制审计配套保证措施。

按照本书的内部控制审计观下，内部控制有效就是内部控制达到了降低交易费用的目标。对于内部控制有效性如何测量和评价，需要一个价值判断标准，即内部控制标准。本章提出了内部控制标准的一般原则，本书第四章将对内部控制有效性和内部控制标准进行阐述。内部控制有效性评价解决评价路径和内部控制有效认定问题。内部控制有效性的评价应该结合对有效性测度，按照定性和定量评价的路径进行。本书第五章将对内部控制有效性评价进行阐述。内部控制审计时面临着审计独立性、审计师专业胜任能力、审计成本与审计质量、审计法律责任等特殊问题，因此，建立配套保证措施是内部控制审计目标实现机制的组成部分。本书第六章将对配套保证措施进行阐述。

第四章

内部控制有效性及价值判断标准

本章将运用第三章提出的内部控制契约观和内部控制降低交易费用目标的观点，对内部控制有效性进行定义，并按照内部控契约观对内部控制有效性的测度进行分析。本章还将对内部控制有效性的价值判断标准，即对内部控制标准进行讨论。针对当前主要的内部控制标准，笔者将按照内部控制契约观做出评价，并结合本书提出的内部控制审计是对委托代理过程进行监督的观点，就如何运用这些内部控制标准开展讨论。

第一节 内部控制有效性

一、内部控制有效的涵义

“有效”首先是一个比较的概念。内部控制作为一种制度安排，我们可以借鉴制度经济学中有关制度有效的概念来理解内部控制的有效[1]。学界对于制度有效性概念大致有以下三种观点：

第一，通过制度横向对比来判断制度是否有效。这种方法从制度优劣比较的角度，来对制度优劣进行排序，从能否解决问题及解决程度来考量制度有效性。如Miles将制度的有效性划分为成功、失败和中间三种状态，设定比较标准与尺度，对具体环境中不同制度进行比较，或者依据制度实施前后的指标变化情况来判断制度是否有效[2]。

第二，通过制度的成本效益产出来判断制度是否有效，从制度的投入与产出角度进行考量。在投入方面，制度成本大致包括制度功能界定与制度制定、制度实施和控制等发生的成本；在产出方面，主要是相关制度实施所带来的收益，如企业收入、品牌价值提升以及其他社会效益等。一般来讲，如果制度产出大于制度投入，制度是有效的。

第三，通过制度是否节约交易费用角度来判断制度是否有效。这一思路从制度实施前后带来的交易费用的对比来考察制度的有效性。显然，这一思路受到了企业契约理论的影响。

上述第一种观点对内部控制有效性的判定而言是不合适的，因为内部控制审计的目标不是对不同企业（横向）、不同时期（纵向）的企业内部控制有效性进行比较，而只需要对某一个时期特定企业的内部控制有效性进行鉴证。第二种观点对于内部控制有效性判定而言则是不切实际的。一方面，内部控制的投入无法准确地计算，内部控制的产出则可能是经济指标可以衡量的，也可能是经济指标

---

① 制度经济学起源可以追溯到19世纪40年代以F·李斯特为代表的德国历史学派，早期的制度经济学研究主要有历史主义方法、整体制度主义方法，直到科斯引入“边际分析方法”，建立了交易成本概念，开辟了制度经济学研究的新领域。正如制度经济学家诺斯所说，有了交易成本这个概念，我们才找到了制度变迁和制度存在的方式，因而把科斯以后的制度经济学称为“新制度经济学”。本书制度有效的概念是关于制度经济学研究方法中有关交易成本概念的简单运用。

② ［美］康芒斯著，于树生译：《制度经济学》，商务印书馆，1997年。

无法衡量的；另一方面，这种投入产出可能是短期的，在报告期内可以测量，也可能是长期的，需要通过相当长的时间才显现出经济影响。第三种观点则和本书内部控制契约观具有相同的理论基础，是从内部控制的经济学本质来考察制度有效性。从交易费用降低的角度考察内部控制制度安排的有效性，既是对内部控制本质和企业本质的把握，也是可行的。

基于上述分析，本书认为内部控制有效的概念，就是内部控制降低交易费用目标的实现程度。如果达到了预期的内部控制降低交易费用目标，内部控制就是有效的。

二、内部控制有效的结果观与内部控制有效的过程观

内部控制有效的概念是内部控制降低交易费用目标的实现程度，那么，是通过降低交易费用总的效果来进行比较，还是按照降低交易费用的过程来比较呢？要回答这个问题，我们可以从内部控制审计的外向型管理审计本质特征中找到答案。

一般认为，管理审计可以从管理结果和管理过程两个角度来进行考察[①]（Leonard，1962；Campfield，1967）。所以，从理论上讲，对内部控制有效性的评价有内部控制有效的结果观和内部控制有效的过程观。前者从内部控制降低交易费用总的结果来进行评价，后者从内部控制降低交易费用的过程来进行评价。

（一）内部控制有效的结果观

管理审计理论认为，一般来说，对管理结果的评价可以从效率

① 郑石桥："管理审计评价标准建立模式探讨"，《中国内部审计》，2011 年 1 期，P32－35。Leonard，W. P.，The Management Audit（Prentice Hall Inc，1962）P. 35，P. 39，P. 42.，Campfield，W. L.，Trends in Auditing Management Plan and Operations，Journal of Accountancy（July，1967）P42.

性、效果性和经济性三个方面进行（称为3E）①。所谓效率性，是指在质量相同的原则下，如何在保持投入资源不变的情况下，将产出扩至最大，或者如何在保持产出不变的情况下，将投入资源减至最少。所谓效果性，是指对于既定目标是否达成，或者评估预定效益与实际效益之间的相对关系。所谓经济性，是指在相同质量原则下，将所必需耗费的成本降到最低限度。

显然对内部控制有效结果的评价是从效果性方面考察的。为了正确评价内部控制降低交易费用的总的结果，就必须建立一套关于交易费用降低的评价指标体系。按照效果性评价的原则，其目的就是对管理结果的实际运行状态与所要求的理想状态的符合程度进行评价。如果实际状态与理想状态之间有差距，就需要了解差距的大小，是有利差距还是不利差距，从而为改进和优化管理结果提供参考。

采用内部控制有效性的结果观，对于内部控制降低交易费用的结果的评价，面临着以下三个方面的挑战：

1. 如何剔出非内部控制因素对内部控制结果的影响？

企业的经营结果并不仅仅是内部控制是否有效所导致的。从历史经验来看，企业经营结果更多地受到经济环境、行业景气程度、竞争对手等因素的影响。所以，如果仅仅考察内部控制作为单一变量的降低交易费用程度，那么如何剔除非内部控制因素的影响则成为一个关键问题。

2. 如何设计内部控制结果的综合指标及无量纲化？

在内部控制有效的结果观下，设计内部控制降低交易费用的具体指标就显得十分重要。如交易费用的降低，是体现在经济效益的提高？还是管理成本的减少？或者是内部协作效率的提高？还是其他生产率提高？显然不同指标的选取就成了一个关键问题。同时，

① 郑石桥："管理审计评价标准建立模式探讨"，《中国内部审计》，2011年第1期。

由于不同指标之间量纲不同，还必须对这些指标进行无量纲化处理。

3. 如何认定内部控制结果有效的阈值或者标杆？

在内部控制有效的结果观下，审计师还面临着另外一个问题，就是降低交易费用程度多大为有效？多大为无效？是依据行业一般水平，即行业中位数来判断，还是对每一个行业设置一个标杆值？也就是说如果某个企业的内部控制达到了降低交易费用的目的，但可能并不一定在同行业中就具有最好的经济效益或者最具竞争力。

（二）内部控制有效的过程观

内部控制有效的过程观比较容易理解和接受，它是通过对内部控制降低交易费用的过程的有效性来进行评价。对于内部控制降低交易费用过程是否有效的评价主要包括以下两个方面：一是内部控制契约设计本身的合理性，也就是内部控制的设计，以及内部控制和企业规模、经济环境之间的契合程度。二是内部控制运行的效率。在内部控制有效的过程观下，对内部控制降低交易费用有效性的评价，需要考虑以下问题：

1. 如何把握内部控制降低交易费用的运行机理和具体过程？

我们知道，内部控制作为企业不完全契约的补充，具有降低企业交易费用的功能。但是，我们并不清晰地知道，内部控制契约降低交易费用的运行机理和具体过程。这种运行机理可能包括：内部控制契约对于流程的优化从而降低企业交易费用；对于关键风险的控制，从而达到降低交易风险而减少损失的效果；也可能包括对于公司治理的改善，实现最大限度地激励经营者，发挥经营者专用人力资本的最大效能，达到降低企业交易费用的目的，等等。显然，这些运行机理和过程，不同的企业之间是不相同的，在内部控制降低交易费用的具体过程的把握上，就必须要具体问题具体分析。

2. 如何评价内部控制及其运行过程的效率性？

对于内部控制设计本身及其运行过程效率性的评价包括内部控

制的设计层面和运行层面，在内部控制审计中就必须回答什么样的内部控制设计是合理的，是有效率的？什么样的内部控制运行状态是有效率的？这是一个需要职业判断的过程。

（三）内部控制有效结果观和内部控制有效过程观的协调

基于上述的分析，对内部控制有效性的评价存在以下三种情况：一是只对内部控制有效的结果进行评价，二是只对内部控制有效的过程进行评价，三是对内部控制有效的结果和内部控制有效的过程同时进行评价。当只评价结果或只评价过程时，不存在协调两种评价结论的问题。但是，如果同时评价内部控制有效的结果和内部控制有效的过程时，则需要考虑在内部控制有效的结果观和内部控制有效的过程观可能导致的不同评价结论的协调问题，以免产生两种路径下评价结论不一致，甚至矛盾的局面。

在我国内部控制审计指引中，既要求审计师对内部控制设计和运行的有效性进行评价，显然这是对内部控制有效的过程进行评价；但是我们也看到，内部控制审计指引，也要求对内部控制的缺陷按其对内部控制目标的影响程度，分为重大缺陷、重要缺陷和一般缺陷，这又是对内部控制有效的结果进行评价。所以，当我们发现内部控制有效的过程存在缺陷时，需要考虑这种缺陷对企业经营结果的影响，即通过内部控制有效的结果评价来印证或者检验内部控制过程的有效，从而避免过程评价和结果评价可能的背离。

在管理审计中，当需要同时对管理过程和管理结果进行评价时，一般的做法是，先评价管理结果，再根据对管理结果的评价，分析管理过程的缺陷对管理结果的潜在影响程度，从而作出对整体的管理结果和管理过程的评价。同样的道理，在内部控制审计中，我们需要综合考虑内部控制有效的结果和内部控制有效的过程，这需要审计师的职业判断。

第二节
基于契约观的内部控制有效性测度分析

通过前面的论述，我们知道内部控制有效性是指内部控制实现降低交易费用的程度，对于有效性的评价有内部控制有效的结果观和内部控制有效的过程观，那么从审计的角度，内部控制有效性有哪些测度呢？也就是说，内部控制有效性可以从哪些方面进行分解并评价呢？这既是内部控制有效性的测度问题，也是内部控制审计对象和内容的具体化问题。

一、依据降低交易费用作用层面对内部控制有效性的分解

作为企业不完全契约补充的内部控制，主要包括要素所有者对企业经营者的内部治理控制和企业经营者对下属管理人员和员工的内部管理控制。这无疑为内部控制有效性的测度提供了很好的思路。

（一）内部治理控制层面内部控制的有效性

要素所有者对企业经营者层面的内部控制是指要素所有者等产权主体为维护委托产权的安全性和实现产权价值增值最大化，而对产权受托责任的直接承担人，即企业经营者实施的控制。在实务中，对内部治理层面的内部控制的有效性可以从以下方面来考察：股东结构及股东会功能、大股东治理、董事会职责履行、审计委员会制度建立、监事会治理、经营者激励机制设计、董事长与总经理两职兼任情况、权限分配、内部审计机构设置、经理人市场、资本市场

等等。

国内外学者进行了大量的实证研究，证明企业内部治理层面的各因素对企业内部控制整体有效性的影响。例如，池国华、原国英（2010）的研究表明[①]：在我国国有企业中，由于出资人不到位等固有的产权缺陷，国有股东存在较为严重的代理问题，经理人逆向选择行为时有发生。国有股东在企业中股份比重越大，对内部控制有效性负相关性越强。同时在所有者缺位的情况下，内部人控制现象较为普遍，从而使得监事会运行效率较差，监事会成员的聘任受经理层左右，监事会制度形同虚设，未能有效发挥监事会的监督作用。董事长兼任总经理对内部控制有效性有一定的影响，主要是影响财务报告的可靠性，但对公司绩效影响不大。

（二）内部管理控制层面内部控制的有效性

企业经营者对下属管理人员和员工实施的控制，在控制的形式上表现为以产权经营者为中心的管理，其控制是以履行产权受托经营责任，实现经营与管理的有效为目标。常用的控制措施包括：管理制度控制、信息系统控制、会计财务控制和内部审计监察控制等。内部管理控制产生的深层次原因在于企业组织内部的多级委托代理关系、产权价值创造过程中联合投入的团队生产特征带来的“搭便车”问题以及企业员工越轨行为造成的企业价值损失。在实务中，企业内部管理控制的有效性主要表现在管理流程的有效性，如战略管理流程、业务管理流程和管理支持流程，以及流程权限分配和人力资源的配置等等。

值得注意的是，内部治理控制和内部管理控制是相互关联的。内部控制作为企业不完全契约的补充，产权所有者对经营者的内部

---

① 此处引用了由池国华指导，原国英的硕士论文“公司治理结构影响内部控制有效性吗？——基于2009年深市A股公司年报的实证研究”，东北财经大学，2010年。

治理控制处于内部控制的主体地位，发挥着支配作用。在此基础上，企业经营者会充分履行受托经营责任，进而影响到企业经营者对下级管理人员和员工的内部管理控制的发挥。

二、依据降低交易费用表现形式对内部控制有效性的分解

我们知道内部控制的目标是降低交易费用，那么降低交易费用有哪些表现形式或者有哪些具体目标呢？这也是一种可能的内部控制有效性的测度。

在理论研究和实务操作中，我们看到关于内部控制降低交易费用的具体目标有多种解释。如美国 COSO 委员会的内部控制整合框架就把内部控制目标定义为：合理保证企业的经营效率和效果、财务报告可靠性和法律法规的遵循性。我国的《企业内部控制基本规范》则把内部控制目标定义为：合理保证企业经营的合法合规、资产安全、财务报告及相关信息真实完整、提高经营效率与效果和促进企业发展战略实现等。

如果把上述关于内部控制的具体目标作为降低交易费用的表现形式，并进而作为内部控制有效性的测度，则必须弄清楚上述各个具体目标之间的关系。对于上述内部控制具体目标的分类，笔者认为：

第一，上述内部控制具体目标的分类标准，并不是按照降低交易费用的表现形式作为唯一的标准，而是存在多重标准。因此选择上述具体目标作为内部控制有效性测度时，应该注意取舍。

譬如，财务报告可靠性的目标本身就和降低交易费用没有直接关联，充其量只是内部控制有效性在财务报告上的一个体现。大部分的内部控制都不是仅仅为了保证财务报告可靠性而设置的，如采购、销售、战略、人力资源等等方面的内部控制，除非在会计信息

系统流程中有关形成财务报告的一些流程，有一部分内部控制的目标才是确保财务报告可靠，如复核、会计稽核等工作。

第二，各个目标之间具有相关性和不可分性，所以把上述目标作为内部控制有效性测度时，需要剔出其中的相关性。如提高经营的效率效果目标，显然和实现企业战略目标相互关联。如果没有实现企业经营的效率效果，那么也极有可能没有实现企业的战略目标，所以这种测度就显得不具有科学性。

对于内部控制审计实务中的财务报告内部控制目标与非财务报告内部控制目标的分类，则更加不可分割。我们知道，就内部控制的有效性而言，一项内部控制即便能够确定为非财务报告内部控制，也肯定有其财务影响。这种影响可能在经营当期反映在财务结果中，也有可能在经营当期没有反映，但迟早会反映在企业的财务结果中。我国学者白华、高立（2010）在《会计研究》上撰文指出，从历史发展、实践考察和理论逻辑等三个视角来看，财务报告内部控制面临着两难困境。特别是从实践来看，无论是横向分离还是纵向分离，都无法从内部控制系统中分离出一个所谓的财务报告内部控制系统。

三、依据降低交易费用运行机制对内部控制有效性的分解

在实务工作中，常见的对内部控制有效性的测度是按照内部控制设计和运行两个方面来进行的。从内部控制的设计和运行两方面作为内部控制有效性的测度，反映了内部控制降低交易费用的运行机制。本书将用制度经济学理论来解释这种机制。

制度经济学认为，制度通常包括正式制度、制度实施机制和非正式制度三部分。相应的，企业内部控制作为一种制度安排，也包括三个要素：内部控制正式制度、内部控制的实施机制和内部控制

非正式制度。其中，内部控制正式制度是指为了实现一定控制目标而设计出来的正式规则和标准；内部控制的实施机制是指实施内部控制的一系列方法和手段，用来对内部控制实施过程进行监察和纠偏的措施；内部控制非正式制度则是指企业内部的一些潜在的管理风格和意识，如价值观、企业文化，它决定着内部控制正式制度作用的发挥和执行效果。

内部控制非正式制度虽然不是正式的制度，但其重要性不容忽视。在内部控制正式制度没有“定义”的地方，这些非正式的规则和管理氛围起着约束人们行为的作用。比如价值观就是一种对价值的认同观念，作为个人与其环境达成的“协议”，就有助于克服团队生产中的“搭便车”行为，从而减少监督成本，提高生产效率。制度经济学还认为，只有在正式规则与非正式规则相容的情况下，才能有效地发挥作用，否则就会出现二者之间的关系“紧张”。譬如，在内部控制的环境中，企业经营者的管理哲学和风格、企业文化就属于非正式制度的范畴，它对内部控制的有效性起着十分重要的作用。所以制度经济学认为，当非正式制度与正式制度互相融合时，正式制度的效率是最高的。这时，非正式制度将逐步转变成正式制度。在理论上，这是制度的诱导性变迁。

所以，内部控制非正式制度是内部控制正式制度和内部控制正式制度实施机制的一个客观存在的环境前提，控制结果是内部控制正式制度实施过程与非正式制度客观环境共同作用的结果。

所以，从内部控制降低交易费用运行机制来看，内部控制有效性就可以下公式来表达：

$$\begin{array}{c}\text{内部控制有效性}\\\text{(降低交易费用)}\end{array}=\begin{array}{c}\text{内部控制正式制度}\\\text{(规则和标准)的有效性}\end{array}\times\begin{array}{c}\text{内部控制正式制}\\\text{度运行有效性}\end{array}\times\begin{array}{c}\text{内部控制非正式制度}\\\text{与正式制度的契合程度}\end{array}$$

其中，内部控制正式制度的有效性来源于内部控制设计的有效性。内部控制正式制度运行有效性取决于内部控制实施机制的有效性，即设计什么样的方法和手段来实现控制。内部控制非正式制度与正式制度的契合程度则是指内部控制的正式制度如果与非正式制度相互融合，非正式制度就会对其产生积极作用，促进内部控制正式制度的实施；如果不一致，就会产生消极作用，阻碍正式制度的实施。

第三节 内部控制标准——内部控制有效性的价值判断尺度

我们对内部控制有效性的定义和有效性的测度有了一个系统的认识，在对内部控制有效性进行鉴证时，我们还需要一个关于内部控制有效性的价值判断尺度，也就是一个具有广泛代表性的、通用的内部控制标准。据此，审计人员可以从内部控制有效性的不同测度，对企业内部控制的有效性进行评价并发表鉴证意见。由于企业所处的国家（地区）政治经济环境不同、地理位置不同、人文环境不同，要想有一个“放之四海而皆准”的内部控制标准是十分困难的。随着对内部控制的重视和研究的深入，美国、英国、加拿大还有我国及香港地区纷纷出台了内部控制标准，旨在提供上市公司内部控制的规范性，提升企业整体内部控制的有效性。

虽然，这些内部控制标准不尽相同，但对我们建立一个关于内部控制有效性的普适标准仍然具有借鉴意义，所以，本书拟用内部控制契约观的观点，从内部控制降低交易费用目标出发，对国内外主要的内部控制标准进行评价。

一、国外主要内部控制标准及评价

总体而言，国外主要的内部控制标准有美国 COSO 内部控制标准、英国关于内部控制的相关法规和现行的特恩布尔 TURNBULL 指南、加拿大 COCO 控制标准、信息系统方面 COBIT 标准。

（一）美国 COSO 内部控制整合框架和风险管理整合框架[①]

1. 基本内容和主要观点

美国 COSO《内部控制——整合框架》（1992 年）认为，“内部控制是由董事会、管理当局和其他职员实施的一个过程，旨在为下列目标的实现提供合理保证：经营效果和效率、财务报告的可靠性、遵循适用的法律和法规”[②]。COSO 内部控制整合框架的划时代意义在于：在考虑企业管理层和其他各方面需求与期望的基础上，将不同的内部控制概念整合到一个框架中，确定了内部控制的五要素，试图建立一个通用的标准。

整合后的内部控制框架包括五个相互关联的要素，分别是：

（1）控制环境。控制环境是内部控制其他要素的基础和纲领，主要包括：诚信、道德价值观、企业员工的竞争力、管理哲学和经营风格、管理层如何进行授权和职责分配以及董事会运作，等等。控制环境要素影响一个组织的氛围，决定一个组织的基调，进而影响到组织成员对于内部控制的理解和执行。

（2）风险评估。风险评估包括风险识别和风险分析两个环节，是指管理层通过识别组织面临的风险并分析，据此来采取应对措施的行为。风险识别包括对影响组织目标的外部因素和内部因素进行

---

① 有关 COSO 内部控制框架的内容主要参考了美国 COSO 委员会（Committee of Sponsoring Organisations of the Treadway Commission）网站，http://www.coso.org/。

② 美国 COSO 委员会 1992 年发布的《内部控制整合框架》。

了解和检查。风险分析包括对风险的重要性程度进行排序，并分析重大风险发生的可能性，以及有没有其他的风险补偿机制的行为。

（3）控制活动。控制活动是指根据风险评估的结果，通过设计系列的控制措施和关键控制点，达到风险管理的目的。控制活动一般表现为控制措施的设计和控制的执行。常用的控制措施有审批、授权、确认、核对、审核、资产保护和职权分离等。控制活动存在于组织的所有层次和部门中，一般表现为公司的政策、管理流程和管理标准。

（4）信息和沟通。在内部控制系统中，相关风险和控制的信息必须在整个组织中得到有序的传递，即相关的信息必须以某种正确的形式，在某个时间被识别、获得和加工，并传达到正确的接收者，为正确的决策提供支持服务。信息和沟通主要包括信息获取、信息加工和信息报告三个环节。

（5）监督。同样地，需要对内部控制本身进行监督。因此，在内部控制系统中，需要设计一套对内部控制进行监督的流程。主要包括：持续监督、定期报告和独立报告等监督措施。

COSO 内部控制框架的通用性和全面性，得到了社会广泛的认同和推广。1998 年巴塞尔银行监管委员会参照 COSO 内部控制标准，发布了《银行组织内部控制系统的框架》。2003 年美国证监会（SEC）明确指出，COSO 内部控制框架满足 SEC 关于上市公司内部控制监管的标准，上市公司可以用作管理层年度内部控制评价和披露的框架。2004 年美国 PCAOB 在审计准则 2 号中，指定 COSO 内部控制框架作为注册会计师审计内部控制的依据。

2004 年 9 月，COSO 委员会发布了《企业风险管理——整合框架》。按照 COSO 委员会的观点，企业内部控制包含在企业风险管理中，是企业风险管理的一个组成部分。按照 COSO 的设想，他们不打算用企业风险管理框架来取代内部控制框架，而是将内部控制框架纳入其中。

2．基于内部控制契约观对美国 COSO 内部控制标准的评价

按照内部控制契约观，内部控制是企业不完全契约的补充，其目标是降低交易费用。COSO 内部控制标准（内部控制整合框架和风险管理整合框架）具有如下优点和不足，值得我们在采用其作为内部控制审计价值判断尺度时考虑。

第一，从内部控制的覆盖层面来看，COSO 内部控制整合框架一改以往内部控制规范只关注内部会计控制、内部管理控制相关内容的情形，开始关注内部治理控制的内容，如董事会、管理哲学等等控制环境要素。在风险管理整合框架中，则进一步提出了战略控制的内容。这些变化，较之以往传统的内部控制有了质的改变。应该说，这涵盖了内部控制契约观所提出的以要素所有者为中心的对经营者内部控制和以经营者为中心的对下属管理人员和员工内部控制的全部内容。

不足的是，在要素所有者对经营者为中心的内部控制中还没有认识到，为解决经营者人力资本的专用性而采取相应的激励机制的重要性。因此，并没有明确地提出内部控制中设计对经营者的激励机制。总体来讲，主要是关注“制”的因素，对于“控”（即引导）的因素考虑不足。

第二，COSO 内部控制标准把五个要素融合在一起，把内部控制作为一个动态的系统放在企业经营活动中去考察。虽然 COSO 内部控制标准指出，内部控制是一个过程和系统，这相对于此前关于内部控制是一个政策、程序或者方法的静态认识有很大进步。

不足在于，COSO 内部控制标准并没有清晰地对这个控制过程或者运作机制进行描述。我们知道，作为一个控制过程或者控制系统，应该是一个闭环控制回路，需要有一个感应器、反馈器和控制器[①]。

① 何红渠、姚刚：“控制论与企业内控制度的设计”，《审计与经济研究》，2002 年第 5 期。

在 COSO 内部控制整合框架和风险管理整合框架中，这些功能可以解释为风险评估、控制活动、信息与沟通、监督等环节。但是，当我们按照这个思路去对某一个领域的内部控制执行情况进行分析时，则显得有些零散。

第三，从内部控制的目标来看，COSO 内部控制标准提出了经营的效率和效果、财务报告可靠性、合规性以及战略实现的目标，但这些目标之间的分类标准是不清晰的。也就是说，某一个目标的实现可能也会导致其他目标的实现。同时，并没有对这些目标降低企业交易费用的途径或者目标本身的实现路径进行描述，因而显得具体目标太多。

（二）英国内部控制相关法规和特恩布尔（TURNBULL）指南

1. 基本内容和主要观点

英国的内部控制是建立在其特定的内部控制法律框架基础之上的。相关的内部控制规范主要包括普通法和公司法、上市登记规则、公司治理联合规则和特恩布尔（TURNBULL）指南等①。

普通法和公司法主要从公司治理角度，对公司董事关于内部控制的责任进行了规定。根据普通法和公司法，董事负有受托责任，需要对公司内部控制负责，并承担与管理公司有关的责任。因此，董事在管理和做出决策时要诚心诚意代表公司股东的最大利益，把董事的授权用于正当目的，同时还应该有相当的专业技能和足够的时间和精力投入。

上市登记规则主要从内部控制披露方面进行了规定。上市登记规则（2005）规定，在英国组建的上市公司必须在其年度报告披露：(1) 对公司治理《联合规则》所要求的内部控制的应用情况，对内

---

① 此处的主要内容来源于英格兰及威尔士特许会计师协会（ICAEW）网站（www. icaew. com），并参考了张宜霞博士论文关于英国内部控制法规的相关整理，《企业内部控制论》，东北财经大学，2005 年。

部控制的披露要能使股东对这些原则的应用情况作出判断；（2）上市公司是否已经遵守了公司治理《联合规则》有关内部控制相关规定的申明。如果没有遵守，应说明具体的情况、期间和原因。

根据上市登记规则，外部审计师要审核公司董事会的内部控制自我评价报告，审计师应对公司内部控制自我评价报告的程序、文档记录支持以及董事会审查内部控制的过程进行评价。当外部审计师认为董事会的内部控制自我评价报告与审计师了解的情况不一致时，就应该在审计报告中增加补充段加以说明。

公司治理《联合规则》主要对公司内部控制的执行和实施进行了规定。要求：董事会应当对内部控制负责，并实施和维持一套健全的内部控制系统，来保护股东投资和公司资产安全；董事应当每年至少开展一次对内部控制系统有效性的审查，这项审查至少应当涵盖所有重要的控制，如财务、经营和遵从控制以及风险管理系统，并将审查结果向股东报告。

特恩布尔（TURNBULL）指南是目前英国正在实施的内部控制标准。1999 年 9 月，英格兰及威尔士特许会计师协会（ICAEW）下属“公司内部控制工作小组”发布了《内部控制——董事关于“联合规则”的指南》的报告。因该小组的主席为奈杰尔·特恩布尔，故该报告又称为特恩布尔（TURNBULL）报告或者 TURNBULL 指南。

TURNBULL 指南（1999）是一个原则性的关于内部控制的指引。主要特点是：（1）将内部控制从财务方面扩展到所有的重要控制，更多关注公司治理层面的控制和控制基础环境；（2）整个指南是原则导向的，提倡并使用风险基础方法。企业运用指南时可以参考该指南的原则，开发或使用对企业自身更有效率的控制，而不应该局限于该指南的规定，因此，该指南是一个高级的行动纲领；（3）该指南提出了一套关于内部控制的执行和监督系统，包括保持健全的内部控制系统的责任、审查内部控制有效性的权利、内部控制的董事会报告书和内部审计的作用等方面。TURNBULL 指南（1999）明确了，董事会和管理层对健全内部控制系负责，董事会应当评价重大风险，并确定了应该承担的风险。

2005年，在保持基本原则不变的情况下，TURNBULL指南进行了局部的修改，出台了TURNBULL指南（2005）。修改的主要基调是：（1）TURNBULL指南不应限制公司以适合其特定情况的方式来应用该指南；（2）鼓励董事会持续一贯地审查本公司对该指南的应用并向股东报告，指南还指出由公司董事报告内部控制报告是与股东沟通有效管理风险的重要机会；（3）认为要求董事会在年度报告和说明里针对公司内部控制体系的有效性做出声明是不适当的；（4）在内部控制报告方面，不应当扩展外部审计师的责任。

值得一提的是，在TURNBULL报告之前，英国内部控制的发展主要经历了卡德伯瑞（CADBURY）报告、茹特曼（RUTTEMAN）报告、格林伯瑞（GREENBURY）报告、哈姆佩尔（HARMPER）报告等专门的针对公司治理和内部控制的专门规则。这些都为现行的TURNBULL报告出台和公司治理《联合规则》的形成奠定了理论基础和实务经验。

2. 基于内部控制契约观对英国内部控制标准的评价

在内部控制审计中，借鉴英国内部控制相关法规及现行的内部控制标准特恩布尔（TURNBULL）指南作为内部控制审计价值判断标准，具有如下优势和不足：

第一，主要定位在公司治理控制层面，抓住了内部控制的本质，符合内部控制契约观，并能集中审计资源提高审计效率。对公司治理控制的理解和本书提出的内部控制契约观中的要素所有者对经营者的内部控制一致。内部控制作为企业不完全契约的补充，包括：以要素所有者对经营者的企业内部治理控制和经营者对下属管理者和员工的内部管理控制，内部治理控制处于支配地位。从英国内部控制法规的要求和内部控制TURNBULL指南的规定来看，英国的内部控制标准侧重于公司治理控制，如公司董事会的建设等，强调董事会对内部控制的责任，同时也推荐采用风险基础方法，形成了公司治理导向的内部控制，这无疑是抓住了内部控制的本质和重点。

第二，从内部控制具体措施上来看，英国 TURNBULL 指南对内部控制的规定采取了原则导向的方式，而不是美国的具体规则形式，这有利于内部控制审计职业判断形成。例如 TURNBULL 指南（2005）就指出，指南的规定不应该限制企业以其特有的方式来建立更加有效的内部控制。

第三，不足之处在于，TURNBULL 指南过多地考虑公司治理的因素，而对于本书所论及的内部管理控制覆盖不够，同时过多的原则性也导致操作性较差。一方面，这些原则很难变成直接的行动措施，操作性不足；另一方面，由于所采用原则的形式具有很大的弹性，审计师应用其作为审计价值判断标准时，需要根据变化的商业环境对这些原则进行取舍。这给审计师的专业胜任能力和职业道德提出了新的要求。

（三）加拿大 COCO 内部控制报告①

1. 基本内容和主要观点

1995 年，加拿大特许会计师协会（CICA）的控制标准委员会（Criteria of Control Board，简称 COCO）发布了《控制指南》。该指南是一个关于控制系统的设计、评估和报告的指南。

在这个指南中，COCO 使用的是“控制”概念，而不是“内部控制”的概念。指出，“控制”是多种主体要素组成（包括主体资源、系统、过程、文化、结构和任务等）的一个集合体，这些要素通过一定的组合来支持主体目标的实现。COCO《控制指南》界定了“控制”的三类目标，即合理保证经营的效率和效果、内部和外部报告

① 此处内容主要来自于加拿大特许会计师协会（Chartered Accountants of Canada）网站，http：//www. cica. ca/。

的可靠性和遵守适用的法律、规章及内部政策。

COCO《控制指南》提出了“控制”的四个基本要素，包括：目的（purpose）、承诺（commitment）、能力（capability）、监督和学习（monitoring and learning）。这四个基本要素通过控制“行为”联结成一个循环。COCO《控制指南》还特别强调了企业制定战略计划和明确管理层执行战略计划的重要性。2000 年 4 月，COCO 委员会又发布了《董事指南——应对董事会的风险》，其中指出战略计划审查是董事会的责任。

2．基于内部控制契约观对 COCO 内部控制标准评价

COCO 内部控制标准是一个比较宽泛的概念，其提出了“控制”概念，而不是“内部控制”。但从其所描述的控制来看，COCO 内部控制标准规范了所有层面的内部控制。这一点和本书所提出的内部控制的契约观一致。COCO《控制指南》是为董事会、管理层和各级员工、所有者和债权人以及外部审计师制定的，从这个意义上讲，COCO 内部控制标准比 COSO 的内部控制框架更为广泛。同时，从内部控制降低交易费用的目标来看，COCO 内部控制标准有一些创新。例如，COCO《控制指南》描述风险概念时列举了两点：未能维持组织识别和利用机会能力的风险和未能维持组织适应性的风险，具有重要的意义，而这是 COSO 标准没有的。

但笔者认为，在内部控制审计中，如果作为内部控制的价值判断尺度，由于“控制”定义的宽泛性，控制的“内部”和“外部”不分，COCO 内部控制标准是不合适。

（四）信息系统内部控制的 COBIT 报告①

1．基本内容和主要观点

---

①　此处内容主要来自于信息系统审计与控制协会（Information Systems Audit and Control Association）网站，http：//www.isaca.org/Knowledge－Center/COBIT/Pages/Overview.aspx。

随着信息革命和信息技术发展，计算机系统在组织中的作用越来越重要，对计算机系统以及存储信息的保护逐步成为组织信息系统内部控制的重要内容。在信息系统内部控制的发展中，对于信息系统设备的物理安全控制、系统软件以及存储信息的逻辑控制构成了信息系统的内部控制。

1996 年，国际信息系统审计与控制协会（ISACA）发布了《信息及相关技术控制目标》（Control Objectives for Information and related Technology，COBIT 指南），并在 1998 年和 2000 年进行了更新。

COBIT 指南是一个专门针对与信息技术有关内部控制框架。其使命是为“业务经理和审计师们的日常应用，而研究、开发、公布和推广一套一般公认的、权威的、最新的和国际化的信息技术控制目标体系”。COBIT 指出，控制是“为实现经营目标以及阻止、发现和纠正无法预测事件提供合理保证而设计的政策、程序、惯例和组织结构”。COBIT 指南由执行纲要、控制框架、控制目标、审计指南、管理指南和实施工具集等六部分组成，包含了全球主要的、一般公认的有关 IT 内部控制的标准，是一个国际性的、综合性 IT 内部控制评价工具。

2. 基于内部控制契约观对 COBIT 指南的评价

无疑，COBIT 指南是信息系统的内部控制最全面、最权威的标准。在我们开展内部控制审计时，关于信息系统内部控制采用 COBIT 指南作为价值判断尺度是合适的。

二、我国现行内部控制标准及评价

我国不同部委都出台过内部控制标准。如财政部、审计署、证监会、银监会、保监会、国资委、中国人民银行、上海证券交易所、深圳证券交易所等不同的部门都分别出台过不同的标准。其中，最权威的内部控制标准，是 2008 年 6 月由财政部、审计署、证监会、银监会、保监会等五部委联合发布的《企业内部控制基本规范》。本书将运用内部控制契约观对该规范进行评价。

（一）基本内容和主要观点[①]

《企业内部控制基本规范》在企业内部控制规范体系中处于最高层次，起统驭作用，是制定应用指引、评价指引、审计指引的基本依据。《企业内部控制基本规范》指出，内部控制是由董事会、监事会、经理层和全体员工实施的、旨在实现整体控制目标的过程。内部控制的目标包括：合理保证单位经营管理合法合规、资产安全、财务报告及相关信息真实完整、提高经营效率和效果、促进实现发展战略等。其中，促进实现发展战略是内部控制的终极目标。它要求企业将近期利益与长远利益结合起来，在经营管理过程中作出符合战略要求、有利于提升可持续发展能力和创造长久价值的策略选择。

内部控制的五要素包括：内部环境、风险评估、控制活动、信息与沟通和内部监督。这五个相互联系、互为补充的要素构成有机整体。

（1）内部环境形成企业内部控制的基调和氛围，是内部控制的基础，决定其他要素的作用发挥。主要包括公司治理结构、企业机构设置、组织权责分配、内部审计监督、人力资源政策和企业文化等等。其中，董事、监事、经理及其他高级管理人员在塑造良好的内部环境中发挥关键作用。

（2）风险评估是企业建立与实施内部控制的重要环节，通过风险评估识别企业的重大风险，从而为实施相关的控制提供指引。风险评估包括目标的设定、风险识别、风险分析和风险应对等环节。

---

① 此处内容主要来自于我国《企业内部控制基本规范》，财政部、审计署、证监会、银监会和保监会联合发布，2008 年 5 月。

（3）控制活动是指根据风险评估的结果，制定一定的风险应对策略，采用相应的控制措施，将企业面临的风险控制在可承受度之内。一般表现为控制程序和流程，以及一系列的控制活动标准，是实施内部控制的具体形式。常见的内部控制措施有：不相容岗位职务分离控制、授权与审批控制、会计信息系统控制、财产保护的控制、预算控制、经营活动分析控制和绩效考评控制等等。

（4）信息与沟通是内部控制系统正常运转的重要环节，企业通过及时、准确地收集传递与内部控制相关的信息，确保信息在企业内部各组织单元和外部进行有效沟通，实现信息的共享。它是企业建立与实施内部控制的重要条件。信息与沟通主要包括信息的质量、信息沟通制度、信息系统和反舞弊机制等方面。

（5）内部监督指对内部控制进行控制的制度安排。企业通过对内部控制的建立、实施情况进行监督检查，并对内部控制系统的有效性进行评价。通过对发现的内部控制缺陷的披露和提出整改建议，使得内部控制系统得到及时改进。

我国的《企业内部控制基本规范》还明确了内部控制建立、实施和监督的责任体系。规范指出，企业董事会负有内部控制系统建立和运行的责任，董事会成员应充分认识到对企业内部控制的责任，加强对本企业内部控制的建立和有效实施的指导和监督。董事长（或者法定代表人、代表企业行使职权的主要负责人）是企业内部控制的直接责任人，对本企业内部控制的建立健全和有效实施负责。经理（或者总裁、厂长）则根据企业章程和董事会的授权，负责本企业内部控制的日常运行和内部控制的调整和完善。总会计师（或者财务总监、分管财务会计工作的负责人）在董事长和经理的领导下，主要负责与财务报告真实可靠、资产安全完整相关的内部控制的建立健全与有效执行。在董事会对内部控制监督的基础上，监事会负责在股东层面对董事会的内部控制责任进行监督。股东会和董事会还可以委托外部审计机构对本企业的内部控制进行监督。

（二）基于内部控制契约观对我国内部控制标准的评价

从内部控制契约观来看，我国的内部控制基本规范所倡导的标准，基本涵盖了内部控制契约观下的内部治理控制和内部管理控制的内容。但是我们也看到，对于内部治理控制部分，并没有很明确地指出，由于经营者人力资本专用性的存在，所以为了解决利益不一致的问题而需要采取适当的激励机制，即“控”（引导）的措施。这个问题不解决，将影响到下一层级内部管理控制有效性的发挥。所以，笔者认为，在内部环境中，我国的内部控制标准仍然没有认识到导致内部控制可能会失效的主要动因，并据此有针对性地提出解决方案。这是一个不足。

从内部控制降低交易费用的目标来看，我国内部控制基本规范所提出的促进企业战略目标实现的目标，难免有些拔高的嫌疑。因为，我们知道，企业战略目标的实现不仅仅是内部控制的问题。内部控制的目标是降低企业的交易费用，提高企业的运行效率，从而避免被市场所替代。但是，企业所处的经济环境，并不是企业所能够驾驭或者预测的，企业的内部控制所能做的就是根据不同的经济形势，调整自身的经营策略，从而保持自身交易费用较低，所以能不能实现战略目标，非内部控制所能左右。这也反映出对内部控制的本质认识不清，从而导致对内部控制目标的提出显得不切实际。这会在一定程度上影响内部控制审计的价值判断。

从我国规定的十八个内部控制应用指引来看，从内部控制发挥作用的层面来看都有所涉及，内容包括了内部治理控制和内部管理控制层面。这对内部控制审计中，如何开展对内部控制有效性的价值判断，具有一定的指导意义。

本章小结

本章小结如下：

1．按照内部控制契约观，内部控制有效性是指内部控制降低交易费用目标的实现程度。如果达到了预期内部控制降低交易费用目标，内部控制就是有效的。

内部控制有效可以通过内部控制降低交易费用结果来考察，即内部控制有效的结果观；也可以通过内部控制降低交易费用的过程来考察，即内部控制有效的过程观。按照内部控制审计是对委托代理过程进行监督的观点，在内部控制审计中，一般对内部控制结果和过程同时进行评价，以对评价结果进行相互验证和协调，这需要审计师的职业判断。

2．按照内部控制契约观，从内部控制降低交易费用目标来看，内部控制有效性的测度有以下三种：

从降低交易费用的作用层面来看，可以从内部治理控制和内部管理控制进行测量和评价；从降低交易费用的表现形式来看，可以从实现内部控制的各个具体目标进行测量和评价，如经营效率效果、财务报告可靠、法律法规遵循等；从降低交易费用的运行机制来看，可以从内部控制设计有效性、内部控制设计与环境的契合度、内部控制运行的有效性等进行测量和评价。

上述三种不同的测度存在相互联系，为内部控制有效性评价指标组成提供了思路。

3．按照本书的内部控制审计观，即内部控制是对委托代理过程的监督，本书认为，内部控制有效性的价值判断标准，应该从内部控制不完全契约补充的本质和内部控制降低交易费用目标出发来构建。

按照内部控制契约观，笔者对美国 COSO 内部控制整合框架、英国相关法规和特恩布尔指南（TURNBULL 指南）、加拿大的 COCO 报告、信息系统的 COBIT 报告以及我国内部控制基本规范等内部控制标准进行了评价，并对内部控制审计中如何运用进行了讨论，认为：

（1）美国 COSO 内部控制标准。COSO 内部控制框架不仅仅关注会计控制、内部管理控制，开始关注内部治理控制的内容，如对董事会、管理哲学等控制环境因素的关注，应该说涵盖了本书内部控控制契约观下的委托代理过程中的所有内部控制，即以要素所有者为中心的对经营者的控制，和以经营者为中心的对下属管理人员和员工的控制。但从 COSO 标准对于“控制”中的“控”的因素，如激励机制考虑得较少。因此在内部控制审计中运用 COSO 标准时，应该考虑激励机制对内部控制有效性的影响。

同时，按照内部控制降低交易费用目标的观点，COSO 内部控制框架提出了经营的效率效果、财务报告可靠性和合规性等目标，但这些目标的分类标准不清晰，在进行内部控制审计时，应该依照内部控制降低交易费用的不同测度对上述目标的关联性进行分析，设计评价指标体系，避免对上述相互关联的指标体系的评价得出不恰当的结论。

（2）英国 TURNBULL 指南内部控制标准。TURNBULL 指南主要定位在公司治理层面，强调公司治理控制，强调董事会对内部控制的责任，推荐采用风险基础方法。其对公司治理控制的理解，和本书内部控制契约观下的要素所有者对经营者的内部控制一致。

同时 TURNBULL 指南是原则导向的，有利于内部控制审计师进行职业判断，但同样由于上述特点，在内部控制审计中运用其作为内部控制有效价值判断标准时，就会出现操作性不足以及对内部管理控制覆盖不够的问题，因此，必须结合内部控制契约观对内部控制有效性评价测度进行补充，并开发有效性评价指标体系和评价模型。

（3）COCO 内部控制标准。由于 COCO 内部控制标准过于宽泛，按照内部控制契约观和本书的内部控制审计观，用它来作为内部控制审计的内部控制有效性价值判断尺度是不合适的。

（4）COBIT 指南。COBIT 指南是关于信息系统内部控制最全面、最权威的标准，在开展内部控制审计时，采用 COBIT 标准作为信息系统内部控制有效性的判断尺度是较好选择。

（5）我国的企业内部控制基本规范。我国企业内部控制基本规范基本涵盖了本书内部控制契约观下的内部治理控制和内部管理控制。同样对于内部治理控制中较少考虑激励因素，因此在内部控制审计中，应考虑企业激励机制对于内部控制有效性的影响。

内部控制基本规范提出了促进企业战略实现的目标，这超越了本书提出的内部控制降低交易费用目标。笔者认为，按照委托代理关系，战略目标实现更多地在委托方的考虑和不同企业之间的战略组合，促进战略目标的实现并非一个企业的内部控制所能达成，因此在对委托代理过程进行监督的内部控制审计中，应该谨慎考虑其可行性。

第五章

内部控制有效性评价与审计结论形成

内部控制有效性评价与形成审计结论是内部控制审计目标实现机制的重要环节，是内部控制审计对委托代理过程监督作用的具体体现。内部控制有效性评价需要解决以下两个主要问题：一是评价路径和方法的选择；二是有效性认定与缺陷评估，并在此基础上发表审计意见。

关于评价路径和方法的选择，本章将按照内部控制契约观，结合内部控制有效性定义，参照第四章内部控制有效性测度的分析，运用评价学方法，讨论内部控制的有效性的定性和定量评价路径和方法。

关于有效性认定与缺陷评估，本章将从内部控制降低交易费用的观点出发，考虑内部控制审计的风险因素，讨论内部控制缺陷的评价思路与步骤以及形成内部控制审计结论的一般原则。

第一节
内部控制有效性评价的基本理论问题

一、评价学的基本理论和概念回顾

"没有科学评价，就没有管理；没有科学评价，就没有决策"①，评价工作涉及我们工作、生活的方方面面。从方法论的角度，审计也是一种评价行为。因此，本章先对评价学的基本理论和概念进行回顾，以期从评价学领域中借鉴有益的评价理论和方法，丰富现有内部控制有效性评价的方法。

我国学者邱均平在《评价学：理论·方法·实践》（2010）一书中，应用系统的观点，把评价工作看成一个系统，阐述了如何选择评价目标、设定评价标准，对为什么进行评价、评价什么、怎么评价等问题进行了系统的研究，建立了评价学科的科学、完善的理论体系。这对于我们开展内部控制有效性的评价同样具有指导意义。

（一）关于评价学方法论②

一般而言，评价学方法论的层次结构分为哲学方法、一般方法和具体学科方法三个层次。评价学方法论研究的主要内容包括：评价学一般方法和具体方法、评价指标体系的形成、评价指标权重的赋

① 邱均平等：《评价学：理论·方法·实践》，科学出版社，2010 年。

② 本款标题下的内容，主要借鉴了邱均平在《评价学：理论·方法·实践》一书中的观点。笔者认为，对评价学方法论的了解和研究，有助于跳出现有的审计学方法来研究内部控制有效性的评价，从而开拓内部控制有效性评价的思路，丰富内部控制有效性的评价方法，并提高内部控制有效性评价的科学性。

值、评价信息获取与数据的处理、评价信息的分析与集成、评价方案和程序的设计、评价实施的过程管理与控制方法、评价结论的信度与效度检验等。

当前，评价学方法主要包括四类：第一，以外部专家定性评价为主的方法；第二，以同行专家为主，辅之以计量评价并强调案例研究的方法；第三，以定量分析和评价为主的方法；第四，以现代信息技术和计算技术为基础的综合评价方法。

（二）关于评价指标体系设立、信息获取与数据处理

评价指标体系是指根据评价对象的特点，按照评价目标，选取一系列的评价具体指标所构成的有机系统。按照评价思路，评价指标体系一般需要体现以下原则：科学性与适用性、整体性与层次性、全面性与系统性、简洁性与聚合性、动态性与静态型、通用性与可比性、主成分性与独立性、定性与定量协同结合。同时评级指标体系，还要考虑可操作性、目的性和政策指导性。

在考虑上述原则基础上，需要对评价指标信息进行加工处理。一般在运用层次分析方法、频度统计方法、理论分析方法、专家调查方法，初步形成指标体系后，再对初步的评价指标体系进行检验、优化、量化和规范化处理以及权重的赋值，充分反映评价对象的含义、数量、结构和指标之间的相互关系，最后形成正式的评价指标体系。

评价信息和评价数据是不同的概念。评价信息通常是指评价活动中的各种信息的总称，包括来自于评价主体、客体和评价中介组织的信息。评价数据往往隐含在评价信息当中，通过对评价数据的处理来生成和获取有用的评价信息。

常用的获取评价信息的方法有逻辑关系方法、分类获取方法、咨询方法、对比方法和追踪方法。评价数据的处理一般包含评价数据的甄别与筛选、整理与序化、加工分析等环节。在这个过程中，

通过对评价数据的加工和处理，实现对评价信息由低级到高级的分层处理，得到最终适合于科学评价利用的评价信息形式。

（三）定性评价、定量评价和综合评价方法

人类评价活动的历史发展过程大致分为三个阶段，即原始评价或本能评价阶段、社会评价或大众评价阶段、综合评价或系统评价阶段。随着评价活动的科学化程度不断提高，评价理论和方法日趋成熟，评价形式逐渐地从定性评价向定量评价以及定性与定量相结合的综合评价方法转变。

定性评价方法主要有同行评议方法、德尔菲法、调查研究方法、案例分析方法和定标比超方法等。定性评价方法的共同特点是：这些方法都是基于同行或专家过去的知识和经验，来对当前的评价对象做出主观判断。

定量评价方法则是通过把复杂现象简化与量化为具体的指标或相关数据，通过对评价指标或相关数据进行统计，用数值比较的形式来进行分析判断的方法。

综合评价方法是以现代信息技术、现代数学技术和计算机技术为基础，综合运用各种定性与定量方法，进行多层次、多评价指标、多评价数据和可视化的一种评价方法。其中，较为常用的综合评价方法有层次分析法、多指标综合评价法和知识图谱分析法等。

层次分析法是一种适合于多目标决策的综合评价方法。它把复杂问题分解为若干个组成因素，并按照各组成因素的支配关系划分为不同的层次结构，然后通过对各因素相对于不同层次结构的两两相比，确定各因素的相对重要性，然后计算各因素的权重，并以此实现对不同决策方案的重要性排序。

多指标综合评价法是比较常用的综合评价方法。其主要的思路是一种专家综合的加权平均评价方法。一般而言，多指标综合评价法，先根据评价对象特点、评价目标和评价政策导向确定评价原则，

然后，构建多层次定性与定量指标相结合的评价指标体系和评价数学模型，最后，请专门评价小组或专家对各项评价指标进行赋权，并对评价指标打分，通过加权运算，结合其他评价方法来对评价对象进行整体的评价。

知识图谱分析法是借助于现代计算技术，以可视化的方法显示评价指标、评价目标、评价对象目标之间的相互关系与演进规律，通过分析评价揭示评价对象规律的方法。

二、契约观下的内部控制有效性评价路径分析

（一）内部控制有效性评价路径及其核心环节分析

内部控制有效性的鉴证是一种评价行为，按照前述评价学的基本理论，对内部控制有效性的评价可以采取定性评价和定量评价两种路径。每一种评价路径都包含评价目标、评价标准、评价对象、如何评价以及评价结论等核心环节。

在开始讨论内部控制有效性评价路径之前，先对以下几个概念进行定义：

一是定性评价和定量评价的概念。我的观点是，定性评价和定量评价二者难以绝对地分开。在定性评价中也可能会涉及一些定量的方法。如当我们采用定性评价方法时，在对内部控制缺陷影响程度的分析中，不可避免地引入影响金额的概念，这其实已经使用定量的概念，但我们的结论最终还是定性的，所以我们仍然称之为定性评价；同样，在定量评价路径中，我们也不可避免地在指标权重赋值时，或者应用层次分析法的因素两两比较时，采用一些定性的判断，但其评价的结果最终还是定量的，所以仍然称之为定量评价路径或方法。所以本书中所称的定性评价和定量评价，严格地来说，是定性与定量相结合，但最终结果是以定性结论或者定量结论

体现的一种评价方法而已。

二是评价路径和评价方法概念。笔者认为，“路径”一词包含了整个评价思路、评价的原理以及具体的评价方法和技术，而“评价方法”则主要指具体的评价方法。

1. 内部控制有效性的定性评价路径

按照评价学的一般原理，定性评价主要是由专家或者同行，按照一定的评价标准，通过自己的主观判断，对评价对象形成评价结论的方法。在内部控制有效性的定性评价中，一般需要解决评价对象、评价过程、评价标准和评价结论形成等四个核心环节。

关于评价对象。作为定性评价的评价对象，就是指内部控制有效性的测度。前面的分析中，我们指出内部控制有效性的测度可以从降低交易费用的作用层面而展开，即从企业层面的内部控制、业务层面的内部控制，或者称之为内部治理层面控制或者内部管理层面控制；也可以从降低交易费用的表现形式而展开，即从是否能够提高运营的效率和效果、保护资产安全完整、财务报告可靠性以及法律法规的遵循性等；还可以从降低交易费用的运行机制而展开，即从内部控制设计有效性、内部控制设计与环境的契合程度以及内部控制运行的有效性等方面。这些内部控制有效性的测度，我们可以根据企业的具体情况，对评价指标进行细分，确定最末级的评价指标。

关于评价过程。在定性评价中，总体而言有两种路径：一是从评价对象出发，逐步分析和对标，分析有没有因为内部控制的缺陷而导致的风险。笔者称之为从“控制”到“风险”的“事实发现型”方法。显然这种方法，成本较高，针对性不强，但好处是较为全面。二是先从企业的风险评估出发，既先评价企业内部控制可能失效的环节或者内部控制风险，从而确定要选择的评价对象，评价这些方面的内部控制是否有效地发挥作用。笔者称之为从“风险”到“控制”的“缺陷排查型”。毫无疑问，这种方法针对性强，效率更高，但不足是容易忽略关键风险，错在起点。

关于评价标准。显然，无论是采取“事实发现型”或者“缺陷排查型”的路径，都需要按照事先确定的标准进行评价。一般而言，这个标准的确定需要依靠评价者的经验和职业判断。

关于评价结论形成。在定性评价方式中，通过前述评价对象的选择、评价过程的确定和评价标准的应用，最后我们需要综合所有的结论，再一次地从总体层面对企业内部控制有效性作一个总的判断，即对于企业内部控制降低交易费用目标实现的程度进行综合评价。这更加需要职业判断。

内部控制有效性的定性评价路径，对于内部控制有效性评价意见的形成，显然是多次估计的结果，包含很多的主观因素和职业判断。其好处是能够把足以影响到内部控制有效性的具体缺陷，通过描述的形式来体现。这样可以明确地告诉内部控制审计信息使用者，什么地方出了问题，或者哪几个地方出了问题，综合起来导致了内部控制失效。这是内部控制有效性定性评价路径的优点。其缺点是，采用内部控制定性评价路径时，由于选取的对象不同、评价标准不同、企业情况不同，内部控制有效性的结论不具有横向的可比性。这给内部控制审计报告使用者带来了横向比较的困惑。

2. 内部控制有效性的定量评价路径

简言之，对内部控制有效性的定量评价，就是选取不同的内部控制有效性测度，通过对内部控制评价测度的分析，建立评价指标体系，并通过指标的赋值、权重设置和一定的数学运算，从而得到一个具体的指数或者分值的过程。同样，也包括评价对象、评价过程、评价标准和评价结论形成四个核心环节。

关于评价对象。和前述定性评价路径的评价对象选取一样，我们需要按照内部控制有效性的不同测度，来选取评价因素。所不同的是，在定量的评价路径中，对于评价对象，我们称之为评价指标或者因素集。然后，需要通过采集不同的信息，对其进行量化。也就是通过信息的加工、处理，按照我们设定的评语集，如“有效”、“一般”、“失效”等进行信息处理。由于指标的不同，其代表的含义也不同，所以对于多个指标的综合运算，首先需要进行无量纲化处理。

关于评价过程。定量评价的评价过程主要包括如何进行赋值、如何分配权重，如何消除指标之间的相互关联性而采取一致性校验，如何对于无结构的指标和目标进行结构化处理，采取什么样的算法等等。随着管理科学、工程数学等学科的发展，模糊评价法对于解决上述无结构性的指标评价有了很好的解决之道，因此在内部控制有效性的评价中，可以更加科学、准确地对企业的内部控制的有效性进行数值计量，丰富了内部控制审计方法。

关于评价标准。在内部控制定量评价路径中，最终会出现一个评价结果，也就是一个得分或者数值，如内部控制整体有效性的得分是在 80 分或者 65 分，那么我们需要讨论的是，对于得分多少为内部控制有效，是 70 分算有效还是 80 分有效呢？实务中，一般是事先划定一个等级，如 60 分以下对应内部控制失效或者存在重大缺陷，60 分到 80 分为内部控制有效或者存在一般缺陷。有的则是对应着“优”、“良”、“有效”、“合格”、“无效”，或者 A、B、C、D、E 等不同的等级①。对于上述划分，与其说是一个经验的结果，不如说是出于管理的需要，很难说出其科学性。但从横向比较的角度看，则有一定的合理性。

关于评价结论的形成。在定量评价路径中，评价结果基本就决定了评价结论。其优点在于相对客观，尤其是在不同企业之间进行

---

① 我国国务院国资委统计评价局于 2006 年对下属国有企业的财务内部控制进行了定量评价试点，其中对于内部控制有效性的程度地认定就是采用打分的形式，规定：80 分以上为“较为有效”，70 分至 80 分为“基本通过”，60 分至 70 分为“一定缺陷”，60 分以下为“较大缺陷”。在中石油、中国移动等企业对下属公司内部控制评价中也曾采用过不同的等级划分方法。

比较时，得分的高低就是一个排序的根据。其缺点在于最终结果是一个分数，虽然从总体上得出了内部控制有效性的程度，但是到底是哪些方面内部控制存在缺陷，很难有一个明确的所指，从而不利于内部控制体系的完善和改进。

（二）内部控制有效性评价路径选择的约束条件

内部控制有效性的评价没有绝对最优的路径。对审计师来说，我们需要考虑的是，在一个具体的环境中，如何选取合适的评价路径。一个合适的内部控制有效性评价路径应该满足以下约束条件。

1. 评价结论的可靠性

根据该路径对内部控制有效性进行评价所形成的结论要具有一定程度的可靠性。也就是说，运用这种方法，对内部控制有效性的判断出现错误的概率要足够低，这是合适的内部控制有效性评价路径必须具备的首要条件。评价结论的可靠性不够高的评价路径与方法，是难以被评价对象和评价结果使用者所认可的。

2. 评价路径和方法本身的成本效益性

不但内部控制本身需要考虑成本效益的问题，内部控制有效性评价需要考虑成本效益问题。合适的内部控制评价路径必须要考虑评价所引起的成本和效益问题，使得对内部控制有效性的评价符合成本效益原则。

3. 评价程序的广泛适用性和灵活性

作为内部控制审计方法的内部控制有效性评价路径与方法，应当具有广泛的适用性和灵活性，才有可能在不同规模、不同行业和不同类型的企业中应用。

4. 评价指标的科学性和全面性

内部控制有效性的评价指标组成必须是科学的和全面的，足以从总体上评价内部控制的有效性。这就要求无论是定性的评价路径，还是定量的评价路径，都必须认真地研究内部控制有效性的测度，以及不同测度之间的联系。

5. 评价指标的动态调整原则

内部控制是对整个企业经营管理活动进行监督与控制的过程，其构成要素源于企业的管理方式，并与管理过程相结合。随着经济技术环境以及经营管理活动的不断变化，企业内部控制必然是一个“动态过程”。在选择内部控制评价指标体系时，应遵循动态调整原则，结合企业管理特点和变化，适时调整评价指标的构成与权重。

6. 合理和足够的证据支持

能够形成合理的评价证据文件，并有足够数量的证据支持是合适的内部控制有效性的评价路径和方法的必备条件。合理和足够的支持证据，一方面是为了确保评价结论的可靠性，另一方面也是为其他人检查或复核保留必要的痕迹。

第二节 内部控制有效性的定性评价方法

在内部控制有效性评价路径的理论分析中，我们指出，定性评价路径包含两种评价方法。一种是从“控制”到“风险”的“事实发现型”的评价方法，称之为“详细评价法”；另一种是从“风险”到“控制”的“缺陷排查型”的评价方法，称之为“风险导向评价法”。

本节将基于内部控制契约观，按照第四章提出的内部控制有效性测度，讨论如何运用上述两种方法对内部控制有效性进行定性评价。

一、详细评价法

详细评价法就是依据一定的内部控制标准，如COSO的内部控制整体框架、我国《内部控制基本规范》等等，按照内部控制有效性的某一测度，对企业内部控制进行的全面的对标评价。

在实务中，一般选用内部控制降低交易费用作用层面的测度，如内部治理层面控制和内部管理层面控制，再结合内部控制降低交易费用的运行机制测度，如内部控制的设计、内部控制设计的契合度和内部控制的运行，对企业的内部控制有效性进行评价。最后评价者将综合不同测度，对整体的内部控制有效性做出评价。通过评估内部控制目标实现的程度，判断是否存在内部控制实质性漏洞，从而判定内部控制是否有效。

详细评价法的特点是从“控制”到“风险”。因此，采用详细评价法首先要根据选定的内部控制标准对企业现有的内部控制设计情况进行分析和评价，然后再对内部控制的运行情况进行评价。通过对内部控制测试中所识别出的控制缺陷进行缺陷评价，判断是否属于实质性漏洞，从而判断内部控制的有效性。这种评价方法是一种最普遍接受和理解的评价方式，一般大多采用COSO内部控制框架的五个要素或者我国内部控制基本规范应用指引的18个方面，分别按照设计有效、运行有效的测度进行评价。在设计的有效性评价中，大多按照按图索骥的方式进行。也就是说：第一步，和标准对照，企业有还是没有？第二步，如果有，和一般性的通用的规范相比，是否合理？显然这是主观性极高的判断。在运行的有效性评价中，一般是按照统计学的原理，选取一定的样本，对于内部控制所涉及的控制、流程，抽查一定比例的业务，看内部控制的运行是否有效？从而判断内部控制运行的有效性。

详细评价法的优点在于简单易懂，方便操作。这种方法在内部控制的审核、企业内部控制自我评估、财务报告的内部控制测试中得到广泛地使用。这种方法也得到了广大监管机构的认可，如美国PCAOB 和我国的财政部等。

详细评价法的不足之处在于：

1. 成本高，效率较低。按照内部控制契约观，内部控制作为企业不完全契约的补充，内部控制涉及的范围包括企业要素所有者对经营者的内部治理控制和企业经营者对下级管理人员和员工的内部管理控制。如果对如此广泛的内部控制所涉及的范畴，运用不同的测度，采取一一对应的全面评价方式，这种审计工作的成本是非常高的。在实务中，采用详细评价法一般对选定作为评价尺度的内部控制标准的内部控制组成要素都逐一进行评价。内部控制降低交易费用的具体子目标之间往往具有相关性，这样就可能导致一个事实，即每一个内部控制要素至少要测试一次。而从不同的测度，不同的要素往往要重复测试。这样就会增加内部控制审计的成本。

所以，尽管不同的内部控制标准都描述了有效的内部控制系统所应当具备的构成要素，但是，如果采用简单地一一对应的方法，来对内部控制设计和运行的有效性进行评价，就会导致成本高，效率低，这一点已经在美国过去几年实施 SOX 法案的经历中得到了体现。

2. 评价结论可靠性程度不高。因为内部控制各要素之间本身具有一定的相互补充性和相互替代性，有些控制往往就是其他控制的补偿性控制，当几个控制措施都为了实现一个控制目标时，其中的某一个措施无效并不能说明整体的控制效果就无效。所以，有效的内部控制并不一定要求所有的要素同等程度地有效存在。所以，在详细评价法下，如果对照内部控制框架或标准来一一对应地评价内部控制设计的有效性，而不考虑到不同内部控制要素之间的关联性和互补性，就不可避免地会出现评价结论的偏差，即按照内部控制框架或标准来看，某一个内部控制的设计或运行可能是一个缺陷，但是，由于其他补偿性控制的存在，实际上整体的效果却是有效的。

当由不同评价主体进行评价时，由于内部控制评价指标和要素的选择不同，相同要素之间的评价顺序不同，也有可能导致不同的评价结论。可能的情形是，某一内部控制无效，即达不到降低交易费用的目的，但其他的内部控制是有效的，并且是对于前一内部控制的补充性控制，即后面的内部控制的有效性足以弥补前一内部控制效率的损失。所以，如果以前者的内部控制效率来评价整体内部控制的有效性，可能就有失偏颇。

二、风险导向评价法

风险导向评价法的思路是从“风险”到“控制”，即从内部控制降低交易费用的相关目标实现的风险出发，通过评价相关的内部控制，进而得出内部控制有效性结论的评价方法。

一般地，风险导向评价法首先要评估相关目标实现的风险因素，并对其进行排序。其次，再识别和分析企业应对这些风险的内部控制是否存在并设计有效，即评价内部控制的设计是否足以应对相关风险。再次，通过对内部控制运行有效性证据的分析，评价现有的控制是否得到了有效的运行。最后，对控制缺陷进行评估，判定是否构成实质性漏洞，确定内部控制是否有效。

这种方法从风险评估开始，然后到具体内部控制有效性的测度开展控制分析和评价，如内部治理层面控制、内部管理层面控制、内部控制的设计有效、内部控制运行有效和内部控制降低交易费用的不同子目标等等，体现了企业风险管理的理念和有的放矢地瞄准相关目标进行评价的思想，使评价更有效，避免了与内部控制标准的简单核对。这种方法能够将审计师的审计资源集中于风险最高的领域，通过对重要目标、重要控制等层层推进，有助于发现被审计单位的重大缺陷。

相对于前面所述的详细评价法，风险导向评价法具有如下特点：

1. 风险导向评价法具有更强的针对性，同时也具有较高的成本效益性。这种方法首先评估实现内部控制相关目标的风险，再根据风险评估的结果对照企业的内部控制，参考内部控制框架来判断企业内部控制设计的有效性。这样做的好处是：（1）充分考虑了不同企业的特定情况，避免了与内部控制框架的简单核对，具有更好的成本效益性和更广泛的适用性和灵活性；（2）更关注重要的风险，从而提高了评价的成本效益和效率；（3）在确定内部控制测试范围和收集证据时，风险导向评价法也是以风险评估为基础的，也提高了评价的成本效益。

2. 风险导向评价法需要更频繁的专业判断，一方面给审计师带来了较大的灵活性，另一方面也带来了一定的风险性。在风险导向评价法中，无论是评价内部控制设计的有效性，还是评价内部控制运行的有效性，都是根据风险评估结果进行的。这种做法与详细评价法下根据一个确定的框架来评价相比，需要审计师具有更频繁的专业判断。同时，如果前期风险评估不准确，则会导致后面对内部控制有效性评价的错误。

这种频繁地使用专业判断的方法，一方面给予审计师更多的灵活性和裁决权，另一方面也给审计师更多地修改和调整内部控制有效性结论的机会，这样有利于评价结论的可靠性。但这是基于审计师具备丰富的专业判断能力，同时也具备良好的职业操守前提的。因此，当审计人员不具备专业胜任能力时，风险导向评价法则具有较大的风险性。

三、现行准则对内部控制有效性定性评价路径的运用

（一）美国 PCAOB 审计准则所采用的评价路径

美国 PCAOB 先后出台过审计准则 2 号和审计准则 5 号，对上市

公司的内部控制审计做出了规定。总体上讲，这两个审计准则都是要求审计师对企业的内部控制有效性做定性的评价。

审计准则2号要求审计师对内部控制设计和运行的有效性进行测试，对财务报告内部控制的有效性进行评价。按照本书的定义，审计准则2号关于内部控制有效性评价的方法还处在详细评价法的定性评价阶段，而其内部控制有效性的测度也只停留在降低交易费用的具体目标之一，即财务报告可靠性一个方面。

在内部控制有效性的评价路径上，审计准则5号要求审计师采用“风险导向、自上而下”的评价方法。其“风险导向”体现在：以评估控制目标实现的风险为起点；关注重要的财务报告和披露风险；仅评价应对重大风险的控制；证据的获取和场所的选择根据风险评估的结果来确定；评价结论（内部控制是否有效）的形成也是采用风险基础评价方法。其“自上而下”体现在：从财务报表整体开始，然后到账户、披露；从公司层面的控制开始，然后到活动层面的控制。

显然，审计准则5号采用了本书所定义的风险导向评价方法。这种转变，很大程度上源于对内部控制审计成本和效率的权衡。

（二）我国内部控制审计指引所采用的评价路径

我国内部控制审计指引所采用的内部控制有效性评价路径，主要采取了风险导向的定性评价方法。主要体现在以下几个方面：

1. 在计划审计工作时，审计师需要对企业内部控制环境进行了解并对内部控制的有效性作出初步估计。在了解内部控制和初步估计内部控制有效性时，需要考虑如下因素：与企业相关的风险，包括承接业务与保持客户时所了解到的与企业经营相关的风险；相关法律法规和行业概况等；企业组织结构和资本结构等事项；企业内部控制最近发生的最新变化；以往审计期间与企业沟通过的内部控制缺陷；与确定企业内部控制重大缺陷相关的各种因素；可能获取的与内部控制有效性相关的审计证据类型和范围。显然，对这些因素的分析是定性的方法。

2. 风险评估的理念及思路贯穿于整个审计过程的始终。审计指引规定，在内部控制审计中，审计师应当以风险评估结果为基础，确定重要的账户、列报及相关的认定，选择拟测试的内部控制，并确定所选定控制所需收集的证据数量。通常，对企业整体的风险评估和把握由富有经验的项目管理人员完成。风险评估结果的变化将体现在具体审计步骤及关注点的变化中。当发现内部控制特定领域存在潜在重大缺陷的风险越高，就应该给予该领域的关注越多。而在进行风险评估和确定内部控制审计程序时，企业的组织结构、业务流程、业务单元的复杂程度都是注册会计师应当考虑的因素。这都反映了定性评价的风险导向方法特征。

3. 采用了自上而下的内部控制评价方法。我国内控审计指引规定，审计师应当按照自上而下的方法实施审计工作。在整个内部控制审计中，自上而下方法是审计师识别风险、选择拟测试控制的基本思路，主要包括以下步骤：（1）从财务报表层次初步了解内部控制整体风险；（2）识别企业层面控制；（3）识别重要账户、列报及其相关认定；（4）了解错报的可能来源；（5）选择拟测试的控制。显然，这种自上而下方法的思路和做法，是定性的风险导向评价方法的最直接的应用。

第三节
内部控制有效性的定量评价方法

在内部控制有效性评价路径的理论分析中，我们知道定量评价路径的核心在于评价指标选取和权重分配的科学性。本节将借鉴评价学领域常用的定量评价方法，结合内部控制契约观，按照本书提出的内部控制降低交易费用的测度，构建内部控制有效性的定量评价方法。

笔者将对常用的简单加权平均评价法、基于层次分析法的模糊综合评价法在内部控制有效性评价中的运用进行介绍。

一、简单的加权平均评价法

简单加权平均评价法是最普遍接受和易于理解的定量评价方法，属于评价学中的原始评价或本能评价阶段。其主要的思路就是对于选定的评价指标，通过简单的分析，然后分别予以赋值，最后得出一个加权的平均值，通过比较加权平均值的结果，对照评价标准的区间，最后给出内部控制有效性评价的结论。这是目前主要的定量评价方法。如国务院国资委对下属中央企业财务内部控制的有效性评价就是采用的这种方法。

对于简单加权平均评价法而言，选取什么样的指标、各指标如何赋值、指标的权重如何分配以及评价标准如何确定，是最关键的四个环节。

关于评价指标的选取。对于指标的选取，最基本的原则就是按照内部控制降低交易费用的不同测度，根据各测度中的指标和目标之间的关系，来确定评价指标的组成。

在实务中，对于评价指标的选取大多是参照某一选定的内部控制标准，如 COSO 内部控制框架的各要素、我国内部控制基本规范和应用指引所规定的各个方面，然后按照一定的经验，确定评价指标的组成。显然这种经验的做法，有一定的实用性，但是其指标的科学性难以得到保证。考虑到内部控制各测度中所涉及的内部控制指标之间的相关性和重复性，我们需要对指标之间的独立性进行校正。

关于评价指标的赋值。一般来说，这也是一个估计的结果。往往我们对某一选定指标的设计、运行情况作出一系列的规定，对应到一个分值区间，或者一个评语集，然后由这个评语集再对应到一个分值。这种估计只要是连续性的，也就是说，是由同一个人或者具有相同判断水平和认识水平的人来进行的，这种赋值导致的结论是可靠的。但问题在于，内部控制审计是由不同的审计机构对不同企业的内部控制有效性进行评价，即便是在高度发达的审计市场中，第一集团的审计机构（如四大等）能够垄断90%左右的上市公司内部控制审计的情形下[①]，我们仍难以确信在同一集团的审计机构之间，对于不同企业之间的内部控制指标的赋值具有可比性。这给评价结论的可比性带来了挑战。

关于评价指标的权重分配。这仍然是一个经验估计。从理论上讲，指标权重的分配应该与该指标对应的降低交易费用的目标之间的相关性来确定。如果某指标对内部控制降低交易费用的影响大，那么该指标所对应的权重就应该大；反之亦然。在实务中，一般的做法是给予评价指标的权重一个区间，留给评价者一个微调的余地，这是可取的。因为在不同的企业，在不同的环境下，各指标发挥的作用显然是不同的。

关于评价标准的确定。这仍然还是一个经验估计和管理需要的结果。所谓经验估计，就是我们对于评价结果的定性，如多少分值对应到“内部控制有效”、“重大缺陷”或者“一般缺陷”，这是行业经验或者地区经验的估计结果；所谓的管理需要的结果，是指我们往往对于评价的企业，有一个管理的预期，即有多少比例的企业的内部控制是相对无效的，如20%的企业的评价是“内部控制无效”；有一定比例的企业，如40%的企业的内部控制是有效的。显然这是一个相对的标准。

---

① 在美国和英国成熟的资本市场，上市公司审计业务超过90%左右都由四大国际审计公司（普华、德勤、毕马威、安永）垄断。这一数据来自于美国注册会计师协会（www. aicpa. org）和英格兰及威尔士特许会计师协会（www. icaew. com）的年度数据统计。

总之，对于简单的加权平均评价法而言，它是最简单、最实用，也最容易被评价主体、评价客体所接受的评价方式。其问题在于评价指标选取和权重分配时主观性太强，没有科学性可言。当人们质疑这种评价方法所得出的评价结果时，往往没有说服力。

二、基于层次分析法的模糊综合评价法

在内部控制有效性的定量评价中，我们面临着四个方面的难题：如何鉴别评价指标与内部控制目标之间的关系，从而确定评价指标的组成，就是因素集的问题；如何确定指标的赋值，就是评语集的问题；如何确定指标的权重，也就是权重集的确定；综合评价的评价标准问题。

在简单加权平均评价法下，对这四个问题的解决基本是靠经验估计等主观判断，这使得评价结论的科学性、可信性受到了较大的质疑。那么，有没有较为科学的解决之道呢？答案是肯定的。随着模糊数学的问世，许多学者在这方面进行了有益的尝试。将借鉴模糊评价法的有关成果，同时按照本书所提出的内部控制契约观和内部控制有效性的测度，对基于层次分析法的模糊综合评价法进行阐述。

（一）运用模糊评价法对内部控制有效性进行评价的理论基础

在讨论内部控制有效性的模糊评价方法的具体技术之前，先从原理上把前面提到的四个难题的解决思路进行阐述，有助于对模糊评价方法的理解，也有助于开拓研究者和实践者的视野。

1. 如何解决定性问题的定量化？

在这里我们引入“模糊集合”和“隶属度”的概念来解决定性问题的定量化。1965 年，美国加利福尼亚大学的查德（L. A Zdahe）教授通过研究，创立了“模糊集合论”，用它来定量描述边界模糊和性状模糊的事物。在经典集合论中，一个元素要么属于某个集合，

要么不属于某个集合，没有介于二者之间的情况。而“模糊集合论”的引入，则可以用隶属度（即隶属于某个集合的程度）的概念，来描述那些处在“属于”和“不属于”之间的模糊事物。

譬如，对企业内部治理控制中的“审计委员会功能的发挥”内部控制要素有效性进行评价，记为 μA（x）。当 μA（x）取“0”时，就是“不属于”集合“内部控制设计与运行有效”，当 μA（x）取“1”时，就是“属于”集合“内部控制设计与运行有效”。这样的集合 A 就是一个经典集合。当 μA（x）取“0～1”之间的某个小数时，集合 A 就变成了一个模糊集合。而根据隶属度的概念，如 0.8 表示隶属于集合 A 的程度比较高，而 0.2 则表示隶属于集合 A 的程度比较低。这样就很好地解决了在经典集合中无法解决的定性问题的定量化。

“模糊集合论”的出现，给我们提供了一个对定性问题进行定量化评价的工具，同时，也为我们提供了一个新的视野，让我们有机会通过定量的方式去评价一些似是而非的定性问题。在逻辑判断中，不再使用简单的“是”或“否”，而是使用一个逼近于某个属性的数值（或函数），即隶属度来表达。这也为内部控制有效性的评价开辟了一条新的思路。

为了解决定性问题定量化的科学性，一般的方法是，先对单个因素进行评价，然后再对所有因素进行综合模糊评价，以防止遗漏任何有用信息和信息统计分析的中途损失。

2. 如何运用模糊数学确定内部控制评价指标与内部控制目标实现的关系，进行指标赋值与权重分配？

在简单的加权平均评价法中，对于指标与目标实现的关系以及如何确立指标体系，只是一个简单的一一对应的关系，这会影响到定量过程中的科学性。在模糊评价法中，我们可以运用层次分析法，对指标与目标之间的关系加以描述，进而确立需要评价的指标体系。

所谓层次分析方法（Analytical Hierarchy Process，简称 AHP），

最先由美国匹兹堡大学教授萨蒂（T. L. Saaty）于20世纪70年代提出，是一种定性与定量分析相结合的系统分析方法。它最初主要是为解决大型复杂问题而提出的。层析分析方法的基本原理是：

首先评价人员将多目标、多因素、多准则的无结构复杂问题分解为若干个组成因素，然后按照各因素的属性和隶属关系进行因素分组，通过因素分组划分因素间的支配关系，从而确立从最低层到最高层的递阶层次结构；

在解决了评价指标的递阶层次结构后，评价人员再分析上一层准则目标实现与下一层与之相关的各个因素的关系，进行两两比较，确定不同因素之间的重要性，并进行等级赋值；

在不同的层次中，评价人员对每一层次的因素都通过两两比较的方法，导出各因素之间的相对权重，最后再通过层次间的递阶关系，得到各因素对于总目标的相对重要性排序。

评价人员利用层次分析方法的权重向量排序结果，可以建立从最低措施层到准则层，再到最高目标层的层层映射，最终通过综合底层对内部控制措施有效性的单项评价，来实现对总体内部控制的综合评价。

（二）基于层次分析法的内部控制有效性模糊综合评价法

层次分析法的模糊综合评价法将无结构复杂问题结构化，通过层次内的两两比较和层次间的递阶分析，通过相对重要性排序的权重设置，解决了在以往多因素复杂现象评价中的主观判断随意性问题，实现了定性和定量相结合，在一定程度上解决了主观判断的可靠性问题，提高了主观决策过程的科学性。

运用基于层次分析法的模糊综合评价法对内部控制有效性的定量评价步骤可分为：

1. 根据内部控制有效性的测度进行递阶层次结构分析，构建内部控制指标体系。

为便于理解，本书选择以COSO内部控制标准为例，来解释运用递阶层次结构分析法来构建内部控制评价指标体系的过程。

我们可以把COSO内部控制标准的三大目标、五大要素、二大层面看做是内部控制契约观下的降低交易费用的内部控制有效性测度。

从内部控制具体目标测度来看，有效的内部控制要合理保证系列具体目标的实现，即经营的效率效果、合法合规、财务报告及相关信息的真实完整。按照模糊综合评价方法，这三大目标是具有递阶层次结果的，并不是平行并列的。简单地说，经营效率效果的目标是最高目标，同时各目标之间还具有关联性。在这个测度下，我们需要做的工作就是，按照三个目标进一步地细化具体末级目标。

从内部控制控制要素测度来看，有效的内部控制包括：内部环境、风险评估、控制活动、信息沟通和内部监督五大要素。这五大要素不是并行关系，而是递阶层次结构。在建立递阶层次结构时，我们需要对上述要素进行重新组合或者梳理。

从内部控制作用的组织层面测度来看，有效的内部控制一般要贯穿企业内部的各个组织层次，如公司总部层、分支机构层、业务单位层和附属公司层。通过对不同层面的内部控制目标和要素分析，不同层次的内部控制要素也是具有递阶结构层次的。

2. 构造判断矩阵与相对权重计算

构造判断矩阵和相对权重的计算是由定性评价过渡到定量评价的核心，决定模糊综合评估的科学性。

一般地，评价者可以运用专家评议方法、引导会议方法等对各层级内部控制的构成要素相对于上一层特定准则或目标的重要性进行两两比较排序。通常，评价者对两两比较的结果应用1至9级相对标度的方法，来构建判断矩阵，据此导出各内部控制要素对所属上一层特定要素乃至总目标的相对重要性权重。

这种方法构建判断矩阵和相对权重的优势在于：评价者难以就不同递阶结构层次中的内部控制，直接识辨出不同递阶结构的内部控制具体目标和准则要求，与企业内外部风险因素、关键控制点和关键控制措施之间的关系，并得出不同要素之间的重要性排序，但是，当我们通过对两个同一递阶结构层次的要素与同一个目标进行比较时，两两比较这种相对重要性则相对简单。

评价者通过因素间两两比较建立判断矩阵之后，再利用矩阵原理求解排序向量，就可以得出企业的重要控制目标、重大风险因素以及关键控制点和关键控制环节。在建立了判断矩阵和权重向量分配之后，还需要进行一致性检验，以剔除内部控制各要素权重分配中的相关性问题。

3. 模糊评价运算

首先是单项内部控制的模糊评价运算。各单项内部控制有效性取决于其健全性和是否被严格遵守，而内部控制的健全性和遵循度的指标显然具有模糊特征，因此，我们对其采用模糊数学方法，先对各单项内部控制进行定性与定量结合的综合评价。

其次是分层内部控制要素评价与整体的内部控制综合评价。评价者将依据单项内部控制措施的模糊评价结果，结合递阶层次结构分析所解出的权重向量，即各层次具体控制措施相对上一层目标的排序向量与各控制措施分值向量的乘积，得到本层次内部控制准则和目标的综合评价。以此类推，评价者可以对各个层级的内部控制的有效性进行模糊综合评价，直至向上归纳出主要风险因素的内部控制对保证单个具体目标实现的内部控制有效性，以及保证企业整体内部控制目标实现的效性，从而得出企业总体内部控制综合评价的结论。

（三）内部控制有效性模糊综合评价法的优缺点

基于层次分析法的内部控制有效性模糊综合评价法较好地解决了从定性到定量、从局部到综合评价的系统性和科学性问题，提高了评价结论的可靠性。

这主要体现在采用递阶层次结构分析法。在对内部控制有效性的测度与内部控制的目标进行关联分析基础上，同时在指标的权重分配时，采取了两两比较以及排序打分的方法，使得权重更加科学。整个方法中贯穿了递阶层次结构的思路，通过下一层的因素对上一层目标的实现的影响来判断内部控制指标的重要性，避免了盲目性。

同时，由于在内部控制有效性的模糊评价中，我们也有针对性地对重要的控制进行评价，这样减少了具体测试工作量，有利于降低审计成本，提高审计效率。

但是，我们也认识到，内部控制有效性的模糊评价法在推广中存在一定的困难。一是，对于这种评价方法的理论不熟悉，同时也缺乏相关方面的实践。二是，对不同企业的内部控制进行分析时，由于企业千差万别，需要对内部控制标准、内部控制目标之间进行多层次的递阶结构分析，这是一项非常具体，却又是高度抽象的工作，在实践中难以完成。三是，模糊综合评价方法是对内部控制的一种综合评价，得出的结论最终可能是一个具体的定量的分值，并对应到一个定性的结论，如“很好”、“较好”、“好”、“不好”等，评价者和信息使用者很难发现企业哪个部分的内部控制存在缺陷，这也不利于管理层完善本单位内部控制，监管层也很难以对这个结论采取进一步的行动。

第四节 基于内部控制契约观的有效性认定与审计结论形成

一、内部控制有效性认定与内部控制缺陷评价

按照前述评价路径对内部控制有效性进行评价之后，我们需要

根据评价结果，整体评估内部控制的有效性，进行缺陷评价，并据此发表内部控制审计意见。

在展开讨论之前，先对内部控制有效性认定与缺陷评价的概念进行澄清。我们在第四章指出，内部控制有效性是指内部控制目标的实现程度。在实务中，我们常常通过内部控制有效的反向指标，即内部控制缺陷来定义内部控制是否有效。如果内部控制没有重大缺陷，我们通常认为内部控制是有效的。所以，在内部控制评价过程中，我们通过一系列的方法来认定内部控制存在一般缺陷或者重要缺陷，并由此来表达内部控制是否有效。因此，内部控制有效性认定标准和缺陷评价标准是一组同义的概念。

（一）有效的企业内部控制是一个区间概念

内部控制有效既不是一个最低标准，也不是一个最高标准。内部控制有效的概念是一个区间。而这个区间，既与内部控制审计信息对内部控制信息使用者的决策有用性有关，也与内部控制审计所代表的合理保证水平有关。

内部控制的有效性是内部控制降低交易费用目标的实现程度是否达到或超过预期的合理保证的水平。如果通过内部控制有效性的评价发现，内部控制降低交易费用目标的实现程度达到了预定的目标，那么我们认为内部控制有效；反之，则认为无效。从审计风险的角度，如果对于内部控制有效性的评价，认为对内部控制有效性作出评价的保证程度已经降低到了一个适当的可以接受的水平，则内部控制是有效的；反之，则认为无效。也就是说，如果通过内部控制有效性评价所作出的对内部控制有效性的保证的水平处于有效内部控制的区间内，则内部控制是有效的，如果保证的水平低于合理水平，则内部控制是无效的。

一般而言，绝对保证是指100%的保证，在内部控制审计中，对内部控制有效性的保证是合理保证，那么就不是100%的保证。如美国的1934年《证券交易法》就把“合理保证”和“适当详细”定义为，“这样一种详细水平和保证程度，它使谨慎的高级职员在处理它们自己的事务时感到满意”①。

尽管我们很难准确地界定合理保证具体是什么水平的保证，但是，我们可以确定的是在内部控制有效性的保证程度中，合理保证和绝对保证之间必然存在一个区间。因此，对内部控制有效的界定，只可能是规定有效内部控制的一个下限，即低于这个点，那么内部控制就是无效的。

因此，有效的内部控制不是一个点的概念，而是一个判定区间的概念。这个区间的上限为1，即100%的绝对保证，下限则是一个不确定的数值，它取决于审计师的职业判断。

（二）不同内部控制具体目标对应的内部控制有效的区间不同

基于内部控制契约观，内部控制的目标是降低交易费用。从降低交易费用的表现形式来看，内部控制有效性的具体目标可以表现合理保证企业经营的效率和效果、财务报告的可靠性、法律法规的遵循性、资产的安全完整和企业战略目标的实现等。

由于不同的内部控制具体目标实现的影响因素是不同的，所以，对内部控制不同的具体目标而言，内部控制有效的内涵是不同的，对内部控制有效的合理保证的内容也是不一样的。

例如，对于财务报告的可靠性、遵循相关的法律法规这两个内部控制目标来说，有效的内部控制可以合理保证它们同时实现，因为这两类目标的实现具有类似的保证路径。在一定程度上，这两类目标的实现是企业可控的，且取决于企业相关控制活动是否有效。所以我们可以说，对于财务报告可靠和法律法规的遵循的目标所对

① ［美］Larry E. Rittenberg, Bradley J. Schwieger著，程新生主译：《审计学——变化环境中的概念》，清华大学出版社，2007年。

应的内部控制有效性，采用同样的有效性区间。

但是，对企业经营目标和战略目标来说，我们却需要重新确定内部控制有效的合理区间。我们知道，企业内部控制不能防止错误的判断或决策，也不能防止那些外部风险。企业经营目标和战略目标的实现除了受到内部控制的影响外，还要受到外部因素的影响，并不仅仅处在内部控制的范围之内。因此，企业内部控制尽管能够加大管理层做出更好决策的可能性，但不能合理保证这些目标的实现，只能合理地保证董事会了解企业向着目标的方向前进的程度。所以，从内部控制有效性评价的角度来看，我们就必须设计独立的关于考察战略目标和经营目标实现的内部控制有效性的判定区间，而不是所有的目标的内部控制有效性都采用一个区间。

一般而言，对财务报告目标和合规目标来说，有效的内部控制是指，内部控制能够合理保证财务报告可靠性、遵循相关的法律法规；而对经营目标和战略目标来说，有效地内部控制则是指，内部控制能够合理保证管理层和董事会及时了解目标正在实现的程度。

在考虑内部控制有效性的合理区间时，我们需要针对不同的内部控制目标来考察有效内部控制的具体含义，并据此设计和定义相应的内部控制有效的具体区间。

二、基于降低交易费用目标的内部控制缺陷评价思路

按照内部控制契约观，内部控制的缺陷是企业内部控制未能实现降低交易费用的目标。在对内部控制评价过程中发现的内部控制的内控例外[①]，一般遵循下述缺陷评价原则：

第一，慎重对待控制的有效性，对于例外情况是否构成控制偏

---

① 对于内部控制评价过程中发现的内部控制的可能缺陷，一般表现为设计不合理、有设计没有运行、运行不彻底等等，本书称之为内控例外。不同的专家学者对这种可能缺陷有不同的定义，如有的称之为例外事项，有的称之为内控发现等。

差或控制缺陷需要全面考虑，例外情况不一定构成控制偏差或控制缺陷。

第二，发生损失并不意味着企业一定有内部控制缺陷，需要基于分析基础之上运用职业判断，合理证明是否由于一个或多个控制缺陷所致。因此，对发现的损失或错误应分析其成因，才能找到真正的内部控制缺陷，而不是简单地将发现的事实作为缺陷。

第三，“内部控制有效运行”不等于或者保证“企业业绩优良”。

第四，“内部控制有效运行”并不意味着对各控制目标实现的绝对保证。内部控制的合理的保证，就是指内部控制存在固有局限性。

按照内部控制降低交易费用的不同测度，笔者构建了如下的内部控制缺陷评价思路：

步骤一：分析内控例外的成因，并执行必要的程序，初步判断该内控例外是否构成缺陷？

在进行缺陷评价时，注册会计师首先需要对在审计过程中的内控例外（包括例外情况、表明内部控制存在重大缺陷的迹象等）进行分析，判断该例外是否构成一个内部控制缺陷。

注册会计师在判断时，需要了解该内控例外产生的原因和导致的结果，是系统性重复发生的还是偶然孤立的。应该考虑的因素包括：该控制例外出现的频率，如果在某个内部控制测试中发现类似的两个或以上的控制例外，则表明该控制例外是重复发生的；与内部控制执行频率相关的偏差率；定性因素，包括被确认为系统性的或反复发生的控制例外；需要特别强调的是，某些情况可能并不是由内部控制缺陷本身导致的。

如果通过上述分析，注册会计师认为该发现内控例外属于系统性重复发生的，则该内控例外将构成内部控制缺陷，下一步进行缺陷评价。如果是偶然孤立的，则不构成内部控制缺陷。

步骤二：考虑已发现的控制缺陷与内部控制降低交易费用目标的关联性。

按照内部控制降低交易费用的测度，已发现的内部控制缺陷可能和内部控制降低交易费用的作用层面、表现形式和运行机制相关。如有的缺陷将直接影响到内部管理层面，有的将直接影响到内部治理层面；有的缺陷将影响到经营的效率和效果，有的影响到财务报告可靠性，有的影响到法律法规的遵循性等等。

由于一项控制往往可以支撑多个控制目标，因此，如果某项控制既与所有者和经营者的控制目标相关联，但同时影响经营者对下属管理人员的目标，为了避免一项控制被重复评价，注册会计师则需要考虑这种关联性对缺陷程度的影响。

步骤三：此缺陷（或缺陷汇总）是否存在合理的可能性导致潜在对企业内部交易费用的负面影响。

注册会计师在应用定量方法评估控制缺陷严重性时，应当同时考虑由此缺陷（或同类缺陷的汇总影响）导致的，对企业交易费用产生重大负面影响的可能性和重大程度。

在本步骤中，注册会计师更多的侧重点在于从可能性的角度去分析评价控制缺陷。在考虑一个缺陷或缺陷汇总是否存在合理的可能性导致对企业交易费用产生重大负面影响时，注册会计师应该考虑一些有关“可能性”的风险因素。

步骤四：确定该缺陷（或缺陷汇总）可能导致的交易费用负面影响是否重大（考虑定量和定性因素）。

注册会计师应该从定量角度出发去评估缺陷（无论单独或汇总）导致的对企业交易费用产生重大负面影响的程度。此影响不能被一个控制或控制组合所预防或及时发现，而且会对相关领域产生重大影响。同时，注册会计师还需要从定性的角度出发，考虑一个缺陷或缺陷汇总导致对企业交易费用产生重大负面影响的相关因素，对依赖此信息的人员的预期及其他需要考虑的因素。

步骤五：考虑补偿性控制。

为了得出补偿性控制有效运行的结论，注册会计师应当评估补偿性控制并应当获取其运行有效的证据。以一定程度的精确性有效运行的补偿性控制，单独或组合起来，将可能预防或发现控制目标的偏离，因而会减少或者减轻已确认的控制缺陷所导致的潜在影响。

步骤六：缺陷（或缺陷汇总）的重要程度是否足以引起相关业务主管负责人的重视。

注册会计师对于缺陷的评价还需要从定性的角度出发，对于内部控制缺陷的评价需要大量运用经验和判断，因此，在完成步骤三或步骤四，并得到“否定”答案后，注册会计师需要从谨慎性的角度出发，考虑该缺陷（或缺陷汇总）的重要程度是否足以引起相关业务负责人的重视，从而得出该缺陷（或缺陷汇总）的重要程度是否为一般缺陷或重要缺陷的结论。

步骤七：谨慎的第三方人员是否能得出该缺陷（或缺陷汇总）为重大缺陷的结论。

在评估一个缺陷或控制缺陷汇总的严重性时，注册会计师应当考虑一个足够知情的、有胜任能力的、并且客观的第三方人员是否会认为此控制缺陷（或缺陷汇总）为重大缺陷。

此处所指的“谨慎的第三方人员”是指一个具有一定知识和能力的第三方人员（如监管机构人员、投资人等），在与注册会计师取得同样的内部控制缺陷相关信息时，是否会认为该控制缺陷（或缺陷汇总）会导致财务报告的重大错报。如果是，则该缺陷构成重大缺陷；反之，则为重要缺陷。

该步骤的目的是注册会计师在对内部控制缺陷进行定性和定量分析评价的基础上，充分发挥职业谨慎态度，从外部第三方的角度重新审视内部控制缺陷或缺陷汇总的严重性。从而得出内部控制是否有效的结论。

步骤八：在考虑了所有的情况（包括定性因素）后，是否能够得出某些特殊事项并不由控制缺陷导致的结论？

某些特殊事项不一定是由控制缺陷导致的，这些情况通常包含特殊的背景和环境。如果注册会计师有充分的证据表明公司的管理层已建立了合理的程序收集处理相关信息，并且有关控制是设计合理、运行有效的，可以合理地认为控制并没有失效。不过发生此类特殊情形但不是由于控制缺陷造成的情况很少发生。因此，注册会计师必须基于每家公司特定的环境和时点作出慎重考虑。

三、内部控制审计结论形成与审计报告

（一）内部控制审计结论形成

在完成上述内部控制缺陷评估后，一般需要取得企业关于内部控制的书面申明，并和企业沟通上述内部控制缺陷，然后按照会计师事务所质量复核程序对内部控制工作进行复核，并评价审计证据，然后形成内部控制审计结论。

按照内部控制契约观，内部控制审计结论的基本原则如下：

1．当一项内部控制缺陷或者多项内部控制缺陷的组合尚不构成重大缺陷，没有严重影响到企业交易费用的降低，不会对委托代理过程中的以所有者为中心的内部治理控制和以经营者为中心的内部管理控制发生重大负面影响，注册会计师应当得出内部控制有效的结论，出具标准意见的内部控制审计报告。

2．当一项内部控制缺陷或者多项内部控制缺陷的组合构成重大缺陷，并且会严重影响到企业交易费用降低，使得委托代理过程中的以所有者为中心的内部治理控制和以经营者为中心的内部管理控制可能发生重大负面影响，且没有相应的补偿性控制或者补偿性控制无效时，注册会计师应当得出内部控制无效的结论，出具否定意见的内部控制审计报告。

3．当注册会计师的审计范围受到限制，或者由于企业原因，如委托代理关系不清、内部控制无法描述等等，对企业内部控制现状

无法判断时，注册会计师应当出具无法表示意见的内部控制审计报告。

4. 由于内部控制是对整个委托代理过程的监督，不宜对某一部分或者对除某些部分的内部控制独立发表意见，一般没有内部控制的保留意见审计报告。

（二）内部控制审计报告与财务报表审计报告

内部控制审计报告与财务报表审计报告的关系，从理论上分析前者是对委托代理过程，即内部控制的有效性发表鉴证意见（过程有效性）；后者是对委托代理结果，即财务报告的公允性发表鉴证意见（结果有效性）。二者发表意见的对象不同，内部控制审计报告的意见类型与财务报表审计的意见类型存在联系但并非一一对应。

在执行财务报表审计的过程中，注册会计师发现了企业财务报告存在重大错报，企业接受建议对财务报告中的重大错报进行了调整，在确认没有其他重大影响财务报告公允性的事项且审计范围没有受到限制的情况下，注册会计师应该对企业的财务报告出具标准意见审计报告；但如果该错报是由于内部控制存在重大缺陷而引起，且已经对企业交易费用产生了重大负面影响，此时注册会计师应该对内部控制的有效性出具否定意见。

注册会计师对企业财务报表发表否定意见，意味着注册会计师认为财务报告存在重大错报会误导使用者，财务报告的编制不符合适用的会计准则和相关会计制度的规定，通常情况下对企业的内部控制有效性也应该被出具否定意见，如果注册会计师出具了其他类型的审计报告，将使同时阅读两个审计报告的报告使用者产生疑惑。

注册会计师对企业财务报表发表无法表示意见，意味着在对企业财务报告进行审计时，因为范围受到限制可能产生的影响非常重大和广泛，不能获取充分、适当的审计证据，以至于无法对财务报表的公允性、合法性发表鉴证意见。注册会计师应当就以上财务报表审计范围受到重大限制对内部控制审计的影响与被审计单位进行书面沟通，并分析以上限制的形成原因，对于客观因素造成的限制，注册会计师应该进行风险评估，考虑对内部控制审计的影响，并根据影响程度判断对内部控制审计报告意见类型的影响。对于企业主观因素造成的财务报表审计范围受限，注册会计师通常应该考虑解除内部控制审计业务约定或对内部控制发表无法表示意见。

注册会计师对企业财务报表发表保留意见，则注册会计师需要对导致出具保留意见的事项进行分析，判断造成保留事项的原因是否与企业内部控制相关，考虑对测试程序和缺陷评价的影响，并将该事项与被审计单位进行书面沟通，明确对内部控制审计报告意见类型的影响。

总体上分析，财务报表审计意见与内部控制审计意见相互关联，但不是必然一致，注册会计师在对财务报告发表非标准无保留审计意见时，需要慎重考虑其对内部控制审计意见的影响，反之亦然。

本章小结

本章小结如下：

1. 从评价学的角度看，内部控制有效性的评价路径有定性评价和定量评价两种。但二者并不是绝对地分开，也就是说我们进行内部控制定性评价时，往往也会应用到定量评价的方法，只是评价的结果是定性的。反之亦然。

在内部控制契约观下，根据内部控制降低交易费用的作用层面、表现形式和运行机制的有效性测度，内部控制有效性评价路径一般包括确立评价对象、设计评价过程、建立评价标准、形成评价结论等四个环节。

2. 没有最优的内部控制有效性评价路径。合适的评价路径应该遵循以下约束条件：评价结论的可靠性、评价的成本效益性、评价程序的适用性和灵活性、评价的全面性、评价指标的动态性以及具有合理的支持证据等。

3. 在内部控制审计中，对于各种评价路径和方法的运用，应该注意：

详细评价法的优点在于简单易懂，方便操作，缺点是成本高、效率较低，同时评价的可靠性程度不高。

风险导向评价法优点在于具有很强的针对性，因而具有较高的成本效益性。但缺点在于由于需要更频繁的专业判断，因此评价结论的风险较高。

简单加权平均评价法，是一种最简单、最实用，也最容易被评价主体、评价客体接受的定量评价方法。不足在于评价指标选取和权重分配的主观性太强，没有科学性可言，评价结果往往没有说服力。

基于层次分析法的模糊综合评价法从指标选取、权重分配上都贯穿了递阶层次结构的思路，提高了评价的科学性；同时也是有针对性地对重要的内部控制进行评价，减少了具体的测试工作量，提高了审计效率。

总体来看，相比定性的内部控制有效性评价方法，定量的内部控制评价是一种发展趋势，更加具有科学性和可靠性。这种科学性和可靠性表现在：对内部控制评价指标体系组成按照内部控制有效性的不同测度进行选取，并按照不同测度之间的关系，如降低交易费用的作用层面、实现途径、表现的具体目标的对应关系，进行权重分配，解决了定性评价方法的过多依赖职业判断的做法。

4. 美国 PCAOB 审计准则 2 号的评价路径还处在详细评价法的定性评价阶段，而审计准则 5 号则采用了本书所描述的风险导向评价法，提出了“风险导向、自上而下”的评价方法。

我国内部控制审计指引也采用了风险导向的定性评价方法。提出了在制定内部控制审计计划时，审计师需要对企业内部控制环境进行了解并对内部控制的有效性作出初步估计；审计指引要求风险评估的理念及思路应贯穿整个审计过程始终，也提出了自上而下的评价思路和方法。

5. 内部控制有效性认定和内部控制缺陷评估是一对相互对立的概念。一般在定性评价中采用内部控制的缺陷评估概念，而在定量评价中采用内部控制有效性认定的概念。

内部控制有效是一个区间的概念。也就是说内部控制有效不是一个最低标准，也不是一个最高标准，内部控制有效是一个区间。这个区间即与内部控制信息对企业要素所有者、经营者、下属员工以及潜在投资者的决策有用性有关，也与内部控制审计的合理保证水平有关。

6. 在内部控制契约观下，对内部控制缺陷的认定应当以是否内部控制例外对内部控制降低交易费用目标的影响程度来判断。本章提出了按照内部控制契约观的缺陷评价的八个步骤，主要考虑了缺陷与内部控制降低交易费用目标的关联性、影响程度、有无补偿性控制、谨慎性判断原则等。

7. 内部控制审计结论包含标准意见、否定意见和无法表示意见，一般没有保留意见。

当一项内部控制缺陷或者多项内部控制缺陷的组合构成重大缺陷，并且严重影响到企业交易费用降低，使得委托代理过程中的以所有者为中心的内部治理控制和以经营者为中心的内部管理控制可能发生重大负面影响，且没有相应的补偿性控制或者补偿性控制无效，这时注册会计师应当得出内部控制无效的结论，出具否定意见的内部控制审计报告。

同一家公司的内部控制审计报告和财务报表审计报告之间存在关联性，但并不是一一对应。

第六章

内部控制审计目标实现的保证措施

作为内部控制审计目标实现机制的一部分，还必须建立配套的内部控制审计的保证措施。主要原因在于：第一，内部控制审计的性质决定了内部控制审计所具有特殊性，体现在审计独立性、专业胜任能力、审计成本与质量和内部控制审计报告法律责任等方面。第二，当前的审计制度安排、审计技术理念和监管环境大多是针对财务报表审计而设计的，因此也有必要对内部控制审计这种新兴的审计业务制定有针对性的配套措施，以保证内部控制审计的顺利实施。

第一节 独立性问题

一、影响内部控制审计独立性的特殊因素

“独立性是审计的灵魂”[①]。本章无意在此讨论一般意义上的审计独立性问题，而是讨论在内部控制审计中，除了一般意义上的审计

① 文硕：《世界审计史》，中国审计出版社，1990 年。

独立性要求之外，影响审计师独立性的特殊因素，从而为解决内部控制审计的独立性特殊问题提供方法。内部控制审计中影响审计师独立性的特殊因素主要包括：

第一，内部控制审计中主观估计因素和价值判断太多，加上内部控制有效性评价中需要和管理层的沟通和交流增加，这都可能影响审计师的独立性。

内部控制审计本质上一种外向型的管理审计，其目标是鉴证内部控制的有效性，那么如何对内部控制的有效性进行定义，如何对有效性进行评价，如何结合内部控制有效性的综合评价结论对内部控制有效性发表审计意见，这都依赖于审计师的主观判断，而且这种判断结果受到审计师经验、与企业家的沟通和表达能力、行业的景气情况等因素的影响。

无论是采用前文所述的定性评价路径，还是定量评价路径，在评价指标的选取（因素集）、指标的赋值（评语集）、指标权重的分配（权重集）、评价标准的确定等方面，任何一个环节都必须对企业进行了解，还需要和企业进行沟通。作为外部人的审计师在对企业的情况无法完全了解的情况下，对于这些因素的判断毫无疑问地受到被审计对象的影响，这势必会影响到审计师的独立性。

同时，由于在内部控制审计中，审计师接触的资料和信息都比财务报告审计时要丰富得多，接触到更多的商业机密，也有可能加大审计师的道德风险和利益诱惑，削弱审计师独立性。

第二，在当前内部控制审计和财务报告审计大多由同一家审计机构进行的情形下，内部控制审计的独立性受到来自于客户承接、收费、技术依赖和审计意见协调等方面的影响，往往导致内部控制审计成为财务报告审计的附属品，成了“走过场”和形式主义。

尽管美国和我国都规定，禁止同一家审计机构为同一家企业提供内部控制审计服务的同时又提供内部控制咨询服务，但并没有规定同一家审计机构不可以同时提供内部控制审计业务和财务报告审计业务，甚至还提倡为同一家审计客户同时提供内部控制审计与财务报告审计业务，即整合审计。但是，这种安排并没有考虑到对于内部控制审计独立性的损害。

首先，从客户承接上来看，大部分情况下内部控制审计业务的开发依赖于现有财务报告审计客户。在这种情况下，内部控制审计合伙人出于商业利益的考虑，会对财务报告审计合伙人和客户产生依赖，内部控制审计的独立性难以得到保证。

其次，从内部控制审计收费上来看，由同一家机构进行内部控制审计和财务报告审计的情形下，企业往往提出内部控制审计收费打包在财务报告审计收费中。这无疑给企业带来了巨大的谈判优势，因为这意味着，如果内部控制审计师不接受对方报价，可能财务报告审计业务也会流失，内部控制审计师可能不得不接受一些不公平的条款，如低收费、提供附加值高的增值服务等。而这样的结果就是内部控制审计独立性的丧失。

再次，从内部控制审计的技术上来看，当同一家审计机构既从事内部控制审计又从事财务报告审计时，由于内部控制测试环节以及风险评估环节的重叠性，往往财务报告审计人员和内部控制审计人员是相同的团队，只是在审计合伙人层面出现分工。那么问题就在于，同一个团队由于接受的审计理念、审计方法论主要是来自财务报告审计方面的，所以就会出现内部控制审计技术对于财务报告审计理论的技术依赖，或者路径依赖。而通过前文的讨论了解到，内部控制审计和财务报告审计无论是在审计性质、审计目标、审计技术等方面都是不同的。这样可能导致的一种情形就是：财务报告审计团队的审计师，运用财务报告审计的技术、方法、理念去附带地进行内部控制审计工作，而这个结果却由内部控制审计合伙人签署。这种结果是非常危险的。可以说，从技术依赖角度，内部控制审计成了财务报告审计的“附属品”。

最后，从内部控制审计报告的意见协调上来说，由同一家机构进行内部控制审计和财务报告审计时，内部控制审计意见往往成为财务报告审计意见的附属品。譬如，一个企业的内部控制非常混乱，几乎没有，但是如果企业管理当局接受审计师对于财务报告的调整，那么从重要性水平来讲，财务报告审计风险是可以接受的，可以出具标准无保留意见审计报告，或者带一个说明段。但是对于内部控制审计来讲，我们认为，这种内部控制无论是从设计层面、运行层面，都难以达到降低交易费用的目标，是无效的，所以内部控制审计报告应该是非标准的审计意见。这种情况是完全可能的。而现实的结果是，当我们对一个公司的财务报告出具标准无保留意见的审计报告时，我们一般很难出具一个非标意见的内部控制审计报告。一般的情形是，内部控制审计报告和财务报告审计报告要么同时是标准的无保留意见，要么同时是非标的审计意见。显然，再一次地，在最终审计意见类型的协调中，内部控制审计成了财务报告审计的附庸，丧失了独立性。

二、保证内部控制审计独立性的措施

基于上述分析，为了确保内部控制审计的独立性，在一般的保证审计独立性的措施之外，我们还需要采取以下措施：

第一，技术上加以改进，尽量使得主观判断程序化。开发和完善内部控制审计主观判断的系列模型，形成一个相对客观的标准。例如，在内部控制有效性评价指标体系的确立上，通过前文提出的内部控制有效性的不同测度，依照一定的递阶层次结构分析法，确定评价指标体系的组成。在评价指标体系的权重分配中，可以采取两两比较重要性并对评价指标的权重分层设计等办法，增加权重分配的科学性。

第二，制度上加以限制，提高内部控制审计的刚性需求和法定地位。我们看到内部控制审计的独立性之所以受到侵害，其中一个主要原因就是，内部控制审计的地位还没有真正的受到企业、资本市场和监管层重视。一方面，由于内部控制审计报告作为一个新生事物，投资者以及其他的利益相关者还没有像对待财务审计报告那样引起足够重视，因而，对内部控制审计意见的含金量没有充分认识到。另一方面，当前监管层把主要精力放在对于财务报告、财务报告审计报告质量和披露的监管上。作为审计师和企业管理层，还没有充分认识到内部控制审计报告的法律责任，因而重视程度不够。所以，无论从需求还是监管方面来讲，只有强化这方面的约束，才有可能从内部控制审计的供给的角度，加大审计师责任，从而提高内部控制审计的独立性。

第三，对所倡导的内部控制审计和财务报告审计由同一家审计机构进行的制度进行反思与改进。如前所述，如果为了降低审计成本而提倡内部控制审计和财务报告审计的整合，忽视内部控制审计和财务报告审计是两种不同性质的审计，二者具有不同的审计目标和审计方法论，那么就有舍本求末之嫌，从而破坏了内部控制审计的生存之本。

在我国内部控制审计实施一年之后，有学者提出，在同一家机构进行内部控制审计和财务报告审计的情形下，至少两个团队是独立的，方法论和审计意见的形成是分开的，合伙人应该充分独立，并进行轮换等措施。也有学者提出，上市公司应该聘请两家外部审计师分别实施财务报告审计与内部控制审计，以克服由一家机构审计的固有缺陷，真正提升内部控制审计的独立性。这样一来，由两家审计机构相互制约，相互监督，各负其责。对于上市公司来说，无疑是上了双保险，也是对投资者利益的有效保护。笔者认为，这些建议都是可取的，决不能为了审计成本而牺牲内部控制审计的独立性。

第二节
审计师的专业胜任能力问题

一、内部控制审计对审计师专业胜任能力的挑战

对于审计师专业胜任能力一直是业界非常关注的话题。随着内部控制审计业务的出现，对审计师专业胜任能力有哪些新的挑战呢？

第一，内部控制审计业务作为一项法定审计业务刚刚出现，对于内部控制审计的性质、目标、实务操作标准等都还缺乏一个明确的体系标准，这样就势必要求审计师在还没有具体实践指南，或者现有指南还不成熟的情形下，有一定的理论水平来指导实践。而目前的情况则是，大部分审计师还大多接受的是财务报告审计的知识、经验和理念，这样就会造成一个理论的断层。

第二，从事内部控制审计业务，审计师除了需要传统财务报告审计的知识外，还需要掌握更多的知识，甚至是经济学、管理学科之外的知识和技能。如基于层次分析法的模糊综合评价法，则需要审计师有关于模糊数学、计量经济学方面的知识和技能。这些专业知识和技能将是摆在很多审计师面前的一大障碍。

第三，在内部控制审计业务中，涉及更多的专业判断，而我们知道专业判断是需要实践积累的，这导致了专业判断的难度。在财务报告审计中，由于案例的积累，专业判断常常是“英雄所见略同”。但是在内部控制审计中，一则由于专业判断所涉及的方面突破到非财务领域，二则由于案例和经验少，专业判断常常没有一个压倒性的主流判断，也没有一个成熟的判断准则和模型，使得内部控制审计专业判断的公信力受到威胁。

二、提高审计师从事内部控制审计所需专业胜任能力的措施

如何提高审计师从事内部控制审计所需专业胜任能力呢？借鉴英格兰及威尔士皇家特许会计师协会（ICAEW）关于审计师胜任能力的观点，一个胜任的内部控制审计师就是一个传统意义上的审计师加上管理咨询师，再加上一个人格独立的具有高度职业道德的经验丰富的专家①。具体而言，可以从以下几个方面采取措施：

第一，引导审计理论界和实务界开展关于内部控制审计理论的深入研究，从而提高审计师关于内部控制审计的理论认识。理论是指导实践的，现在的情况则是实践走在理论的前面。当我们遇到实践的困惑时，理论也是一片困惑，这样的局面显然不利于内部控制审计的实施。因此，加强内部控制审计理论的研究，并用之来武装审计师的头脑，这将是提高审计师内部控制审计专业能力的根本所在。

第二，积极开发内部控制审计风险模型和相关的内部控制审计专业标准，提高内部控制审计实务的规范性，从而提高审计师的实际动手能力和专业技能。内部控制审计目前还缺乏一套具体的、系统的、操作性强的审计技术规范，这样就大大影响到了审计师的专业胜任能力。通过开发系列内部控制审计专业规范，审计师不断地学习和“充电”来提高内部控制审计专业技能，是提高我国审计师内部控制审计必需之专业技能的有效捷径。

第三，由于我国开展内部控制审计的时间不长，经验积累不够，案例也不多，所以，对于审计师、会计师事务所和主管机构而言，

① 此处借鉴了英格兰及威尔士皇家特许会计师协会（ICAEW）关于特许会计师胜任能力的观点，相关观点来自于 www. icaew. com.

一定要加强对于内部控制审计业务的培训。这种培训既可以是授课，也可以是案例教学或者经验交流和座谈。总之，在我国内部控制审计刚刚起步阶段，理论界、实务界、监管层、投资者、企业管理人员等全方位、多视角的讨论和头脑风暴，都是提高我国审计师从事内部控制审计专业胜任能力的有益渠道。

第三节 内部控制审计成本与审计质量问题

一、内部控制审计成本与审计质量的权衡：来自美国的启示

内部控制审计能否顺利开展，是否具有持久的生命力，也取决于内部控制审计是否符合成本效益原则。一般而言，审计程序的增加会导致较高的审计质量，也意味着审计成本的加大。反之亦然。

先简要回顾一下美国自 2003 年实施内部控制审计以来的主要政策和措施的调整，以了解美国在解决审计成本与审计质量这一矛盾的主要做法。通过对 404 条款实施以来的跟踪研究，我们发现，围绕着内部控制审计成本和审计质量问题，美国证监会在萨班斯法案 404 条款的实施上主要做了三个方面的工作①。

第一，不断地对内部控制审计制度实施的时间表进行调整，以平衡内部控制审计成本、审计质量和企业经济承受能力的矛盾。自 2003 年 6 月开始实施到 2006 年 12 月的 42 个月内，共进行了 5 次调

① 参见“萨班斯法案 404 条款实施的跟踪研究：各方评论、实施进展与启示”，中国注册会计师行业发展研究资料，No. 2007 - 2。

整，平均8个月就发布1次公告调整实施时间。其中第5次和第6次公告仅仅相隔4个月。无论是美国的小公司还是外国的小公司，经过5次调整后都推迟到2007年12月15日出具管理层内部控制评估报告，2008年12月15日出具内部控制审计报告；相对而言，美国大公司仅调整1次，并要求于2004年11月15日出具内部控制审计报告；外国的大公司仅调整2次，并要求于2006年7月15日出具内部控制报告。这反映美国在实施内部控制审计过程中，对于企业承担的审计成本与投资者利益的权衡。

第二，在技术层面，为了解决审计成本与审计质量的矛盾，美国证监会（SEC）与美国上市公司会计监管委员会（PCAOB）、COSO委员会开发了一系列的标准，并不断改进，从技术上解决这对矛盾。主要的技术改进包括：用PCAOB审计准则5号代替审计准则2号，以降低审计成本、提高审计质量；发布《小企业COSO内部控制框架》以解决小企业内部控制建设指引和标准，为小企业内部控制审计的程序改善提供了指引，从而解决了小企业审计质量与审计成本这一敏感问题。

第三，开展了提高审计师效率的一系列的评估项目。提高审计师审计效率并降低成本一直是美国证监会（SEC）、美国上市公司会计监管委员会（PCAOB）共同关心的问题。美国上市公司会计监管委员会（PCAOB）开展了“敦促审计师提高效率并符合审计准则”的评估项目，同时美国证监会（SEC）对美国上市公司会计监管委员会（PCAOB）的评估项目进行监管，以评价审计师效率和美国上市公司会计监管委员会（PCAOB）的工作。

通过上述回顾，我们知道对于内部控制审计成本与审计质量这一对矛盾来说，美国的做法，简而言之就是：区分公司大小，对小公司在风险可控的原则下，强调节约审计成本为主；着力从技术上降低成本，以平衡审计成本与审计质量的矛盾；加强对审计师审计效率的监管，以减少审计师利益与客户利益的矛盾，尽量做到用较小的审计成本来保证审计质量，从而保护审计师和审计客户各自的利益。

二、提高我国内部控制审计效率与审计质量的措施

如何在保证内部控制审计质量的前提下，降低审计成本，提高审计效率呢？在借鉴美国做法的基础上，我们可以采取以下措施：

第一，开发不同行业的内部控制的数据库和行业审计指引，以提高审计师开展内部控制审计的目的性、效率性，从而提高整体的效率性和审计质量。这个工作可以通过行业协会、主管部门，或者是专业的研究机构来开展。

第二，从我国的实际情况来看，由于我国企业内部控制意识还不强，内部控制基础的薄弱导致审计师不得不扩大审计面，补充审计程序，从而增加审计成本。因此，我们一方面要引导企业建立完善的内部控制体系，同时做好审计师的内部控制审计配合工作，从而减少内部控制审计的人工工时预算，从而降低审计成本。

第三，当前普遍的情形并不是企业承担的内部控制审计成本过高，而是审计师从事内部控制审计的付出得不到应有的补偿。内部控制审计在大部分情况下，被视为财务报告审计的附属品，内部控制审计的收费得不到保证。这样自然就会影响到内部控制审计质量，由此形成了一个恶性循环。因此，在呼吁降低企业内部控制审计成本的同时，先应该引导企业培养内部控制审计付费的意识，保证审计师的利益，从而提高内部控制审计质量。

第四，应加强对内部控制审计的质量监管。从行业协会的自律监管、行政主管部门的行政监管、证券监管机构的信息披露监管等方面，我们需要建立一套多方联合作业的内部控制审计质量监管措施。同时，也可以借鉴美国的做法，通过对审计师从事内部控制审计的效率开展评估，以解决内部控制审计师利益和客户利益之间的冲突，减少过度审计和重复审计的发生。

第四节
内部控制审计报告的法律责任问题

随着我国会计师事务所“特殊普通合伙”制的实施，审计师的法律责任成为讨论最激烈的问题之一。一方面，由于我国审计服务市场环境的不健全，审计师的独立性、审计质量受到很大程度的制约；另一方面，由于社会各界对于证券市场法律案件关注的加强，在“深口袋”理论的影响下，审计师往往成为最无奈的被告。正如有人戏称对于审计师的诉讼，就是一场“受害者对于弱者的战争”[①]。由于内部控制审计报告的内容涉及企业内部治理控制和企业内部管理控制的诸多方面，可以预见内部控制审计报告的法律责任将成为审计师法律责任的焦点之一。

一、内部控制审计报告的信息传递与市场影响

首先，内部控制审计报告的信息使用者和审计师对内部控制审计存在“期望差距”[②]，从而影响到内部控制审计报告的法律责任。按照审计理论的一般解释，审计报告使用者和审计师之间存在着

---

① 刘燕：《会计师民事责任研究：公众利益与职业利益的平衡》，北京大学出版社，2004 年。

② 目前普遍接受的期望差距的概念是 1993 年澳洲学者 Porter 提出。她认为早期的审计期望差距定义过分狭隘，没有确认审计师未能达到准则要求的可能性。她强调了确认期望差距全部内容的重要性，并认为只有通过比较社会对审计的期望和审计师的实际业绩，才能找到差距的全部内容。但是审计师的实际业绩仍然是由公众来评价的，因此，全部期望差距可以看做是社会对审计的期望和审计师实际业绩的公众看法之间的差距，她将这种期望差距称为“审计期望 - 业绩差距（audit expectation - performance gap）”。笔者认为，如果采取这种概念，如何界定内部控制审计报告的期望差距相比财务报表审计而言更加困难。

“期望差距”。通俗地说，就是审计报告使用者对于审计报告的预期与审计师理解的审计报告的保证作用之间具有理解上的差距，这往往是造成审计师法律责任的一个主要根源。在内部控制审计中，按照内部控制契约观，审计师一般认为，对内部控制审计的保证程度只能是对内部控制有效性的重大方面的合理保证，也就是说只是对于内部控制降低交易费用的重大方面的一定程度的保证。然而，审计报告信息使用者则往往对于审计报告作用的预期高于审计师自身的理解。他们往往将其理解为一个标准无保留意见的审计意见，就是对于企业内部控制有效性的一个全面体检，把内部控制审计的标准无保留意见的结论理解为企业内部控制是全面有效的，也就是说内部控制降低交易费用的程度是合理的，甚至是最好的。

其次，内部控制审计报告的信息传递作用和对市场的影响机制还不明确，因此，如何理解内部控制信息使用者对内部控制审计报告的决策支持作用存在不确定性，将影响到对内部控制审计责任的确定。由于我国内部控制审计实践还处于起步阶段，对于内部控制审计意见类型确切的市场含义，还存在一个在信息生产者和信息使用者之间的不断反馈和契合的过程。如标准无保留意见、无法表示意见、否定意见分别给信息使用者什么样的决策意义，都还需要市场检验。虽然，我们也看到一些从事实证研究的学者已经开始对内部控制审计信息与企业业绩、市值、股票价格的相关性进行研究，但囿于数据积累不够，还难以给出令人信服的答案。同时，由于内部控制审计报告和财务审计报告的不同组合，这也给市场传递更多的信息，而投资者如何理解财务报告审计意见和内部控制审计意见二者信息的组合，做出或购、或售的决定，这都还有待于市场检验。

总之，如何理解内部控制审计报告不同意见类型对于企业内部控制有效性的保证程度，以及与财务报告审计意见类型的组合之间的市场含义，具有很大的不确定性。同时，由于“期望差距”的存在，使得我们对于内部控制审计报告的出具以及其面临的法律责任问题表现出十分谨慎和迷茫。

二、内部控制审计报告法律责任的不确定性与豁免条款

面对内部控制审计报告法律责任这一新的课题，结合自己担任中国注册会计师协会惩戒委员会委员的经验，笔者认为，对于内部控制审计报告的法律责任的认定具有以下不确定性：

首先，按照审计法律责任的一般原理，审计师法律责任主要包括“对什么负责”和“对多大范围的利益相关人负责”的问题。“对什么负责”，一般的审计责任理论解释为“合理注意义务”或者“高度注意义务”。显然，内部控制作为企业不完全契约的补充，无法像财务报告审计中的财务报表一样具有明确的范围，这种注意义务范围显得非常模糊，不具备操作性。

其次，“对多大范围的利益相关人负责”，无论是“合同相对当事人”原则、“已知第三人”原则和“可预知第三人”原则，对于内部控制审计报告的利益相关人更加宽泛。由于内部控制的外部性，我们无法从传统的审计师法律责任理论中找到“内部控制审计具体的利益相关人”的理论依据。这使得内部控制的法律责任范围确定无法划定。

再次，通过上述分析，由于内部控制审计报告的信息传递作用及市场含义的不确定性，在出现内部控制失败的情形下，从审计师法律责任角度来看，如何界定内部控制审计报告的法律责任具有了更多的不确定性。也就是说，无论是过错责任的认定、还是责任举证，都变得非常困难，因此也加剧了内部控制审计报告责任认定和归责的困难。

但是，内部控制审计师对于内部控制法律责任的恐惧则是确定的。正如我国学者刘燕的观点，审计师法律责任就是社会公众利益和审计师利益的博弈一样，这种恐惧必将影响到内部控制审计实务

的开展。所以，如何处理内部控制审计报告法律责任的不确定性和审计师面对这种责任的恐惧，建议：（1）在引入内部控制审计制度的初期，应对内部控制审计报告的刑事责任予以豁免；（2）对于内部控制审计报告民事责任的认定，只对被认定为重大过失、推定欺诈和实际欺诈的重大审计失败行为予以追究，对于一般过失给予豁免；（3）对于行政责任的认定和行业自律处罚方面，在没有重大过失的情况下，免予处罚，留给审计师及会计师事务所更多的改正机会。

本章小结

本章小结如下：

1. 内部控制审计中审计师独立性的特殊性表现在：相比财务报表审计而言，内部控制审计需要更多的主观估计，如对于管理者及其行为的评价；同时，现实中内部控制审计对财务报表审计存在一定的依赖，包括在客户承接、审计收费、技术路径上的依赖，特别是同一家审计机构得出的内部控制审计意见与财务审计意见不一致时，内部控制审计的独立性受到了更大的威胁。

解决措施在于：一是提高内部控制审计的地位和刚性需求；二是从技术上改进，力争使得主观估计有一个客观的判断模型；三是对当前所倡导的由同一家机构开展内部控制审计和财务报表审计的组织形式进行反思和改进。

2. 内部控制审计对审计师专业胜任能力的特殊性表现在：内部控制审计是对委托代理过程的监督，是一种外向型管理审计，对主要从事财务报表审计的审计师而言，专业能力受到了来自专业经验、知识结构等方面的挑战。同时，由于内部控制审计刚刚起步，审计师在专业技能、经验积累以及获取培训的途径和渠道上受到限制。

解决的措施在于积极开展内部控制审计的理论研究，为实践提供指导；同时组织开发系列专业标准和加强各种形式的培训。

3. 内部控制审计成本与审计质量矛盾的特殊性在于：由于内部控制审计范围的不确定性，导致了内部控制审计成本无法像财务报表审计一样可以依据企业的资产规模、收入规模等进行计算，因此审计师对于审计成本和收费有很大的自主权，而与之相对应的审计质量也难以检查。从美国实施萨班斯法案的经验来看，为避免审计师在内部控制审计中审计过度，导致了美国 PCAOB 和美国证监会启动对审计师审计效率和审计质量的监管项目，并由此推动了审计技术的变革。

如何在保证审计质量的情况下，降低审计成本、提高审计效率？一是，要统一开发行业数据库和指引；二是，基于企业内部控制基础薄弱从而导致内部控制审计成本的增加现象，应该强化企业的内部控制基础工作，同时也要培养企业对内部控制审计的付费意识；三是，行业主管部门、行业协会和证券监管机构应该加强对于内部控制审计的质量监管。

4. 内部控制审计法律责任的特殊性在于：由于内部控制审计的相关规范和技术标准还不完善，内部控制审计报告的市场信息传递功能还不明确，审计师和内部控制审计报告信息使用者对于内部控制审计报告的“期望差距”较为明显，这种局面加剧了审计师对于内部控制审计法律责任的恐惧。另一方面，即便按照现有规则对内部控制审计报告追究法律责任，由于在内部控制审计报告法律责任的认定中，内部控制概念的广泛性和有关技术规范还不完善，对于“注意义务”、“第三人范围”以及“举证责任”都非常困难。

因此，建议对内部控制审计中审计师出现“重大过失”、“推定欺诈”和“欺诈”行为之外的内部控制审计报告的法律责任予以豁免。

参考文献

著作图书文献

[1] 艾思奇:《辩证唯物主义与历史唯物主义》，人民出版社，1978 年。

[2] 蔡春:《审计理论结构研究》，东北财经大学出版社，2001 年。

[3] 蔡春、谭洪涛:《会计实证模型与方法研究》，西南财经大学出版社，2008 年。

[4] 陈汉文、韩洪灵:《审计理论》，机械工业出版社，2009 年。

[5] 陈毓圭:《论财务会计改革》，中国财政经济出版社，2010 年。

[6] 陈郁:《所有权、控制权与激励——代理经济学文选》，上海三联书店、上海人民出版社，1998 年。

[7] 郭道扬:《会计史研究（第一卷)》，中国财政经济出版社，2004 年。

[8] 葛家澍、刘峰:《会计大典——会计理论》，中国财政经济出版社，1998 年。

[9] 郎咸平:《公司治理》，社会科学文献出版社，2004 年。

[10] 郎咸平:《操纵：机构投资人与大股东操纵策略案例》，东方出版社，2004 年。

[11] 李凤鸣:《内部控制学》，北京大学出版社，2008 年。

[12] 李若山、周勤业:《注册会计师法律责任理论与实务》，中

国时代经济出版社，2002 年。

[13] 刘明辉：《高级审计研究》，东北财经大学出版社，2009 年。

[14] 刘燕：《会计师民事责任研究：公众利益与职业利益的平衡》，北京大学出版社，2004 年。

[15] 邱均平、文庭孝：《评价学：理论·方法·实践》，科学出版社，2010 年。

[16] 王光远：《会计大典——审计学》，中国财政经济出版社，1999 年。

[17] 王光远：《受托管理责任与管理审计》，中国时代经济出版社，2004 年。

[18] 文硕：《世界审计史》，中国审计出版社，1990 年。

[19] 徐政旦、谢荣、朱荣恩、唐清亮：《审计研究前沿》，上海财经大学出版社，2002 年。

[20] 谢少敏：《审计学导论——审计理论入门和研究》，上海财经大学出版社，2006 年。

[21] 余永定、张宇燕、郑秉文：《西方经济学》，经济科学出版社，2002 年。

[22] 张维迎：《企业的企业家——契约理论》，上海三联书店，上海人民出版社，1995 年。

[23] 竺素娥：《公司治理与财务控制》，经济科学出版社，2001 年。

[24] 中国财政部、审计署、证监会、银监会、保监会制定：《企业内部控制规范》，中国财政经济出版社，2010 年。

[25] 中国注册会计师协会：《2011 年度注册会计师全国统一考试辅导教材——审计》，经济科学出版社，2011 年。

翻译图书文献

[1] 奥赖利等著，刘霄伦、陈关亭译：《蒙哥马利审计学》，中信出版社，2007 年。

[2] COSO 委员会（Treadway 委员会）发布，方红星主译：《内部控制——整合框架》，东北财经大学出版社，2008 年。

[3] 德姆塞茨：《所有权、控制与企业》，经济科学出版社，1999 年。

[4] 康芒斯著，于树生译：《制度经济学》，商务印书馆，1997 年。

[5] Larry E. Rittenberg，Bradley J. Schwieger 著，程新生译：《审计学——变化环境中的概念（第 5 版）》，清华大学出版社，2007 年。

[6] Michael · Ramos 著，李海风译：《如何遵循 SOX404 条款——评估内部控制的效果（第 2 版）》，中国时代经济出版社，2007 年。

[7] 道格拉斯 · C. 诺斯著，杭行译：《制度、制度变迁与经济绩效》，上海三联书店，上海人民出版社，1994 年。

[8] 青木昌彦著，周黎安译：《比较制度分析》，上海远东出版社，2001 年。

[9] Robert Moeller 著，李海风、刘霄仑译：《布林克现代内部审计学（第 6 版）（上册/下册）》，中国时代经济出版社，2006 年。

学术刊物文献

[1] 安佳：“风险、不确定性与利润以及企业组织——奈特理论介评”，《科学 · 经济 · 社会》，2006 年第 1 期。

[2] 白华、高立：“财务报告内部控制：一个悖论”，《会计研究》，2011 年第 3 期。

[3] 蔡吉甫：“内部控制的制度经济学研究”，《中央财经大学

学报》，2007 年第 6 期。

[4] 柴芳云："企业内部控制有效性及其评价"，《集美大学学报（哲学社会科学版）》，2010 年第 1 期。

[5] 程新生："论审计环境与审计目标"，《审计研究》，2001 年第 2 期。

[6] 程新生："公司治理、内部控制、组织结构互动关系研究"，《会计研究》，2004 年第 4 期。

[7] 陈海清："内部控制评审主体研究"，《审计与经济研究》，2002 年第 6 期。

[8] 陈汉文、张宜霞："企业内部控制的有效性及其评价方法"，《审计研究》，2008 年第 3 期。

[9] 陈汉文、李荣："财务呈报内部控制审计准则的国际发展"，《审计与经济研究》，2007 年第 3 期。

[10] 陈汉文、吴益兵、李荣、徐臻真："萨班斯法案 404 条款：后续进展"，《会计研究》，2005 年第 2 期。

[11] 陈关亭、杨芳："上市公司内部控制报告的调查研究"，《审计理论与实践》，2003 年第 7 期。

[12] 陈关亭、张少华："论上市公司内部控制的披露及其审核"，《审计研究》，2003 年第 6 期。

[13] 陈小林、陈作习："论内部控制审计动因、成本与效益"，《财会月刊》，2010 年第 7 期。

[14] 陈毓圭、杨志国、赵兰芳："企业社会责任与注册会计师的实践"，《审计研究》，2009 年第 1 期。

[15] 陈毓圭："中国注册会计师对发现舞弊责任的认识和担当"，《中国注册会计师》，2010 年第 9 期。

[16] 陈毓圭："关于风险导向审计方法的由来与发展的认识"，《中国注册会计师》，2004 年第 4 期。

[17] 陈永宏、姚刚："我国企业内部控制规范体系研究"，《商

业会计》，2010 年第 1 期。

[18] 崔之元：“郎咸平风波，所有者掠夺与‘好的市场经济’”，《读书》，2004 年第 4 期。

[19] 崔之元：“从资本家手中拯救市场”，《读书》，2005 年第 1 期。

[20] 方红星：“内部控制 审计与组织效率”，《会计研究》，2002 年第 7 期。

[21] 郭道扬：“论产权会计观与产权会计变革”，《会计研究》，2004 年第 2 期。

[22] 高一斌、王宏：“对加快推进内部会计控制建设若干问题的思考”，《会计研究》，2005 年第 2 期。

[23] 高玉荣：“内部控制审计风险”，《财会研究》，2011 年 9 月。

[24] 韩丽荣、郑丽、周晓菲：“我国企业内部控制审计目标的理论分析及现实选择”，《吉林大学社会科学学报》，2011 年第 5 期。

[25] 何红渠、姚刚：“控制论与企业内控制度的设计”，《审计与经济研究》，2002 年第 5 期。

[26] 何亚冬、胡涛：“委托代理理论述评”，《山西财经大学学报》，2002 年第 3 期。

[27] 胡涛、查元桑：“委托代理理论及其新的发展方向之一”，《财经理论与实践》，2002 年第 11 期。

[28] 顾奋玲：“日本企业内部控制评价与审计准则及其启示”，《中国注册会计师》，2009 年第 1 期。

[29] 阚京华、曹俊：“美国财务报告内部控制审计准则的新变化”，《中国注册会计师》，2008 年第 3 期。

[30] 孔敏：“内部控制审计‘合理保证’实现的探讨”，《商业会计》，2011 年第 27 期。

[31] 雷英、吴建友：“内部控制审计风险模型研究”，《审计研

究》，2011 年第 1 期。

[32] 李明辉、何海、马夕奎："我国上市公司内部控制信息披露状况的分析"，《审计研究》，2003 年第 1 期。

[33] 李明辉、张艳："上市公司内部控制审计若干问题之探讨——兼论我国内部控制鉴证指引的制定"，《审计与经济研究》，2010 年第 2 期。

[34] 李爽、吴溪："内部控制鉴证服务的若干争议与探讨"，《中国注册会计师》，2003 年第 5 期。

[35] 李心合："内部控制：从财务报告导向到价值创造导向"，《会计研究》，2007 年第 4 期。

[36] 林斌、饶静："上市公司为什么自愿披露内部控制鉴定报告——基于信号传递理论的实证研究"，《会计研究》，2009 年第 2 期。

[37] 林钟高、徐虹、吴玉莲："交易成本与内部控制治理逻辑：基于信任与不确定性的组织内合作视角"，《财经研究》，2009 年第 2 期。

[38] 林钟高、郑军："基于契约视角的企业内部控制研究"，《会计研究》，2007 年第 10 期。

[39] 刘明辉："内部控制鉴证：争论与选择"，《会计研究》，2010 年第 9 期。

[40] 刘明辉、何敬："内部控制鉴证的时点与时期之争"，《中国注册会计师》，2009 年第 8 期。

[41] 刘明辉、张宜霞："内部控制的经济学思考"，《会计研究》，2002 年第 8 期。

[42] 刘俊萍："上市公司内部控制鉴证：审核抑或审计"，《中国经贸导刊》，2011 年第 8 期。

[43] 刘燕："注册会计师民事责任研究：回顾与展望"，《会计研究》，2003 年第 11 期。

［44］骆良彬、王河流：“基于AHP的上市公司内部控制质量模糊评价”，《审计研究》，2008年第6期。

［45］刘永刚：“公司高管纷纷辞职，机构火速离场——创业板周年制痒”，《中国经济周刊》，2009年11月第50期。

［46］刘有贵、蒋年云：“委托代理理论述评”，《学术界》，2006年第1期。

［47］马海群：“评价学的开创与奠基之作——评《评价学：理论、方法、实践》”，《图书情报知识》，2011年第4期。

［48］诺斯：“新制度经济学及其发展”，《经济社会体制比较》，2002年第5期。

［49］潘芹：“内部控制审计对审计意见的影响研究：基于2009年我国A股公司数据”，《财会月刊》，2011年第3期。

［50］潘秀丽：“对内部控制若干问题的研究”，《会计研究》，2001年第6期。

［51］邱高松：“企业内部控制审计思维新探”，《财会通讯》，2011年第4期。

［52］邱高松：“企业内部控制审计评价体系构建与应用——基于模糊综合评判模型的研究”，《财会通讯》，2011年第7期（上）。

［53］裘宗舜、周洁：“美国财务报告内部控制审计的发展与启示：财务报告内部控制审计与财务报表审计的比较”，《财会月刊》，2009年第2期。

［54］唐广宇、陈广垒：“美国内部控制鉴证制度的演变及其对我国的启示”，《中国注册会计师》，2007年第10期。

［55］王翠琳、苏健：“内部控制审计运行制度体系，监管体系建设研究”，《商业时代》，2011年第13期。

［56］王光远、刘秋明：“公司治理下的内部控制与审计——英国的经验与启示”，《中国注册会计师》，2003年第2期。

［57］王军只：“美国财务报告内部控制审计准则解读”，《中国

注册会计师》，2008 年第 8 期。

[58] 王俊强："请给高管不辞职套现的理由"，《董事会》，2010 年 11 月。

[59] 汪寿成、刘明辉："内部控制鉴证变革：从审核到审计的革命"，《财务与会计》，2011 年第 1 期。

[60] 吴秋生："内部控制审计若干问题探讨"，《中国注册会计师》，2010 年第 4 期。

[61] 吴水澎、陈汉文、邵贤弟："企业内部控制理论的发展与启示"，《会计研究》，2000 年第 5 期。

[62] 吴益兵："内部控制审计、价值相关性与资本成本"，《经济管理》，2009 年第 9 期。

[63] 威廉姆森："从选择到契约：作为治理结构的企业理论"，《经济社会体制比较》，2003 年第 3 期。

[64] 谢晓燕、张韬、熊艳："内部控制审计制度安排动因的理论研究"，《内蒙古大学学报（哲学社会科学版）》，2009 年第 6 期。

[65] 谢晓燕、张龙平、周媛："内部控制审计研究：文献回顾"，《财会月刊》，2009 年第 12 期。

[66] 谢志华："审计变迁的趋势：目标、主体和方法"，《审计研究》，2008 年第 5 期。

[67] 谢志华："内部控制、公司治理、风险管理：关系与整合"，《会计研究》，2007 年第 10 期。

[68] 谢志华："内部控制：本质与结构"，《会计研究》，2009 年第 12 期。

[69] 徐政旦、朱荣恩："关于我国审计发展方向的思考"，《财会通讯》，1992 年第 1 期。

[70] 杨继飞、李昊、周海燕："国外内部控制审计发展及启示"，《财会通讯》，2009 年第 4 期（上）。

[71] 杨雄胜："内部控制理论研究新视野"，《会计研究》，

2005 年第 7 期。

[72] 杨有红、陈凌云："2007 年沪市公司内部控制自我评价研究：数据分析与政策建议"，《会计研究》，2009 年第 6 期。

[73] 杨有红、李宇立："内部控制缺陷的识别，认定与报告"，《会计研究》，2011 年第 3 期。

[74] 杨志国："关于《企业内部控制审计指引》制定和实施中的几个问题"，《财务与会计》，2010 年第 10 期。

[75] 叶青山："关于建立财务报告与内部控制双重独立审计机制的思考"，《财政研究》，2011 年第 2 期。

[76] 张龙平："内部控制制度审计、内部控制制度评价和制度基础审计是三个不同的概念"，《财会通讯》，1992 年第 9 期。

[77] 张龙平："美国内部控制审计历史发展"，《财会月刊》，2005 年第 3 期

[78] 张龙平、陈作习："财务报告内部控制评价标准研究"，《审计月刊》，2009 年第 2 期。

[79] 张龙平、陈作习、宋浩："美国内部控制审计的制度变迁及其启示"，《会计研究》，2009 年第 2 期。

[80] 张龙平、陈作习："财务报告内部控制审计方法研究（上）"，《审计月刊》，2009 年第 3 期。

[81] 张龙平、陈作习："财务报告内部控制审计方法研究（下）"，《审计月刊》，2009 年第 4 期。

[82] 张龙平、陈作习："财务报告内部控制审计的历史回顾"，《审计月刊》，2008 年第 9 期。

[83] 张龙平、陈作习："美国内部控制审计制度的理论分析及启示"，《中南财经政法大学学报》，2009 年第 1 期。

[84] 张龙平、陈作习："财务报告内部控制审计的理论分析（上）"，《审计月刊》，2008 年第 12 期。

[85] 张龙平、陈作习："财务报告内部控制审计的理论分析

（下）”，《审计月刊》，2009 年第 1 期。

[86] 张龙平、朱锦余：“关于注册会计师对内部控制评价的理论思考”，《审计研究》，2002 年第 2 期。

[87] 张维迎：“所有制、治理结构及委托代理关系”，《经济研究》，1996 年第 9 期。

[88] 张翔：“华尔街资本主义的‘软预算约束’”，《读书》，2004 年第 2 期。

[89] 张影：“企业内部控制审计：抑制会计舞弊的新举措——日本审计制度的考察”，《会计之友》，2011 年第 3 期（下）。

[90] 张艳、钟文胜：“内部控制需要审计吗？”，《财会月刊》，2011 年第 2 期（上）。

[91] 张延民：“试论内部控制制度评价的阶段性——兼及内部控制制度审计概念的质疑”，《财会通讯》，1992 年第 2 期。

[92] 郑石桥：“管理审计评价标准建立模式探讨”，《中国内部审计》，2011 年第 1 期。

[93] 周晓雁：“科学评价的方法与工具演技”，《情报科学》，2009 年第 1 期。

[94] 周勤业、王啸：“美国内部控制信息披露的发展及其借鉴”，《会计研究》，2005 年第 2 期。

[95] 周其仁：“市场里的企业，一个人力资本和非人力资本的特别合约”，《经济研究》，1996 年第 6 期。

[96] 周曙光、陈丽蓉：“内部控制审计：企业风险管理与政府监管”，《财会月刊》，2011 年第 4 期。

[97] 周树大：“试论内部控制审计的性质”，《审计与经济研究》，1999 年第 6 期。

学位论文类参考文献

[1] 王宏：“基于国际视野与科学发展的我国内部控制框架体系

研究”，西南财经大学博士论文，2008 年。

［2］吴益兵：“内部控制鉴证：动机、价值相关性与内控效率”，复旦大学博士论文，2010 年。

［3］谢晓燕：“内部控制审计研究——构建内部控制审计目标实现机制”，内蒙古农业大学博士论文，2010 年。

［4］杨雄胜：“内部控制发展问题研究”，东北财经大学博士论文，2004 年。

［5］原国英：“公司治理结构影响内部控制有效性吗——基于 2009 年深市 A 股公司年报的实证研究”，东北财经大学硕士论文，2010 年。

［6］张宜霞：“企业内部控制论”，东北财经大学博士论文，2005 年。

［7］钟玮：“我国企业内部控制有效性研究”，财政部科研所博士论文，2011 年。

英文文献

［1］PCAOB. Auditing Standard No. 2 – An Audit of Internal Control over Financial Reporting Performed in Conjunction with An Audit of Financial Statements, 2004.

［2］PCAOB. Auditing Standard No. 5 – An Audit of Internal Control over Financial Reportingthat is Integrated with An Audit of Financial Statements, 2007.

［3］Bahin C. PCAOB Adopts Internal Control Standards for Auditors［J］. Community Banker, August 2004：46 – 48.

［4］Brien O P. Reducing SOX Section 404 Compliance Costs：A Top – Down, Risk – Based Approach［J］. The CPA Journal, July, 2006：26 – 28.

［5］Bryan H S, Lilien B S. Characteristics of Firms with Material

Weaknesses in Internal Control: An Assessment of Section 404 of Sarbanes Oxley [J]. Working paper, Wake Forest University and City University of New York. 2005.

[6] Coffee C J. The Scarlet Letter: What happens after an adverse opinion on internal controls? [J]. The Corporate Governance Advisor, January/February 2004, Vol. 13 (1): 1 -6.

[7] Doyle J, Ge W, McVay S. Determinants of weaknesses in internalcontrol over financial reporting [J]. Journal of Accounting and Economics, September 2007 Vol. 44 (1 -2): 193 -223.

[8] Deacon M. SEC Study on Sarbanes - Oxley Expected Soon, Small Business Affected, Orange County Business Journal, July 21, 2008: 36.

[9] Ge W, McVay S. The disclosure of material weaknesses in internal control after The Sarbanes - Oxley Act [J]. Accounting Horizons, forthcoming, 2005.

[10] Goldberg M D, Focus on High - risk Controls: The PCAOB's Auditing Standard No. 5 enables publicly listed companies to narrow the scope of testing for Sarbanes - Oxley compliance [J]. Internal Auditor, December, 2007: 69 -71.

[11] Goldstein S M. PCAOB Issues Auditing Standard on Internal Control over Financial Reporting [J]. Bank Accounting & Finance, August 2004: 33 -37.

[12] Griggs L L. Audits of Internal Control over Financial Reporting: What Do They Mean? [J] Insights, April 2004, Vol. 18 (4): 2 -11.

[13] Heather M. Hermanson, An Analysis of the Demand for Reporting on Internal Control, Accounting Horizons, 2000, Vol. 14 (3): 325 -341.

[14] Koegel J . PCAOB's New Integrated Auditing Standard May Offer a Simpler Approach to Compliance[J]. Community Banker. Washington: Nov 2008. Vol. 17 (11): 60.

[15] K. Raghunandan and D. V. Rama, Management reports after COSO [J]. Internal Auditor, Aug. 1994: 54 -59.

[16] Loebbecke K J, Zuber R G. Evaluating Internal Control [J]. Journal of Accountancy, 1980, Vol. 149 (2): 49 -56.

[17] Leone J A. Factors related to internal control disclosure: A discussion of Ashbaugh, Collins, and Kinney (2007) and Doyle, Ge, and McVay (2007)[J]. Journal of Accounting and Economics, February 2007, Vol. 44: 224 - 237.

[18] Mautz K R, Mini L D. Internal Control Evaluation and Audit Program Modification[J]. Accounting Review, 1966, Vol. 41 (2): 283 - 291.

[19] Meservy D R, Bailey D A, Jr. and Johnson E P. Internal Control Evaluation: A Computational Model of the Review Process [J]. Auditing, 1986, Vol. 6 (1): 44 -75.

[20] Palfi C. Globalization: A Challenge for Internal Control and Audit in Banking System [J]. Accounting and Management Information Systems Conference, 1986.

[21] Raghunandan K, Rama D. SOX Section 404 Material Weakness Disclosures and Audit Fees [J]. Auditing, May 2006, Vol. 25 (1): 99 -114.

[22] Turpen A R. A Fresh Look at Walkthroughs: PCAOB's Auditing Standard No. 2 provides new perspective on an old audit procedure[J]. Internal Auditor, Dec. 2004: 25 -29.